乡村振兴

课题指导：王立胜

潍坊模式的昌邑实践

张彩云　隋筱童　胡怀国　陈健 ◎ 著

中国财经出版传媒集团

经济科学出版社

Economic Science Press

图书在版编目（CIP）数据

乡村振兴潍坊模式的昌邑实践／张彩云等著 . —北京：
经济科学出版社，2021. 11
ISBN 978 - 7 - 5218 - 3023 - 1

Ⅰ. ①乡… Ⅱ. ①张… Ⅲ. ①农村 - 社会主义建设 -
研究 - 昌邑 Ⅳ. ①F327. 524

中国版本图书馆 CIP 数据核字（2021）第 222975 号

责任编辑：崔新艳
责任校对：王肖楠
责任印制：范 艳

乡村振兴潍坊模式的昌邑实践
张彩云 隋筱童 胡怀国 陈 健 著
课题指导 王立胜
经济科学出版社出版、发行 新华书店经销
社址：北京市海淀区阜成路甲 28 号 邮编：100142
经管编辑中心电话：010 - 88191335 发行部电话：010 - 88191522
网址：www. esp. com. cn
电子邮箱：espcxy@ 126. com
天猫网店：经济科学出版社旗舰店
网址：http：//jjkxcbs. tmall. com
北京季蜂印刷有限公司印装
710×1000 16 开 12. 5 印张 190000 字
2021 年 11 月第 1 版 2021 年 11 月第 1 次印刷
ISBN 978 - 7 - 5218 - 3023 - 1 定价：65. 00 元
（图书出现印装问题，本社负责调换。电话：010 - 88191510）
（版权所有 侵权必究 打击盗版 举报热线：010 - 88191661
QQ：2242791300 营销中心电话：010 - 88191537
电子邮箱：dbts@ esp. com. cn）

以县为单位整体推进：乡村振兴战略的方法论

（代序）

王立胜

2018 年 3 月 8 日，习近平总书记参加十三届全国人大一次会议山东代表团审议时首次提出"诸城模式""潍坊模式""寿光模式"，肯定了这三大模式在乡村振兴方面的成功经验。而潍坊市之所以能够取得这些成就，源于改革开放以来，在潍坊市委市政府的正确引导和帮助下，人民群众探索和创造了一系列农村改革发展的先进经验，以及贸工农一体化、农业产业化经营等先进思想，走在了乡村振兴的最前列。区别于依靠外力发展的"珠江模式"和"苏南模式"，潍坊市的乡村振兴是内生性的典型案例。本书以潍坊市下辖的县级市昌邑为案例，着力分析昌邑市乡村振兴的举措及成就，通过总结乡村振兴的昌邑经验，希望对"潍坊模式"的诠释和乡村振兴战略的实施提供一定的启示，并使之转化为打造乡村振兴齐鲁样板、加快推进农业农村现代化的强大动力。

乡村振兴战略是中国特色社会主义进入新时代的一项重大战略部署。乡村是具有自然、社会、经济特征的地域综合体，兼具生产、生活、生态、文化等多重功能，与城镇互促互进、共生共存，共同构成人类活动的主要空间。乡村兴则国家兴，乡村衰则国家衰。在新时代，我国社会主要矛盾已转化为人民日益增长的美好生活需要和不平衡不充分的发展之间的矛盾，而"我国最大的发展不平衡，是城乡发展不平衡；最大的发展不充分，是农村发展不充分"，① 这种不平衡和不充分在"三农"问题上的表现为"农业发展质量效益竞争力不高，农民增收后劲不足，农村自我发展能力弱，城乡差距依然较大"。② 在此背景下，党的十九大提出乡村振兴战略，一方面，这正是应对城乡发展不平衡、农村发展不充分的重大战略部署；另一方面，"城乡融合发展"这一概念首次被写入党的文献，标志着中国特色社会主义工农城乡关系进入新的历史时期。③ 从这两方面讲，乡村振兴战略具有重大的现实意义和理论价值。

2018 年中央一号文件《中共中央 国务院关于实施乡村振兴战略的意见》进一步明确了乡村振兴战略的总要求、原则、目标、主要任务和规划保障等，解决了"三农"工作在新时代的发展方向问题，即"做什么"的问题。为落实乡村振兴战略的总要求，还要解决一个"怎么做"的问题，即乡村振兴战略的方法论问题。从研究现状看，对乡村振兴需要做什么的问题，围绕产业、人才、生态、文化、组织展开的五大振兴的讨论已较为充分，④ 相较之下，关于用什么样的方法落实乡村振兴战略的研究较少。需要着重强调的是，乡村振兴战略是系统性认识理解新时代城乡发展全局的思想体系和方法准则，不是农业农村工作若干任务目标的简单累加。因而，"依照新发展理念的整体性和关联性进行系统设计，……要坚持'两点论'和'重点论'的统一。"⑤ 同样，乡村振兴战略不仅要有整体性和关联性，还要有重点。

①② 《党的十九大报告辅导读本》，人民出版社 2017 年版，第 209 页、第 210 页。

③ 陈文胜：《实施乡村振兴战略 走城乡融合发展之路》，《求是》2018 年第 6 期。

④ 王立胜，刘岳：《乡村振兴战略：新时代农业农村工作的总遵循》，《红旗文稿》2018 年第 3 期。

⑤ 习近平：《在省部级主要领导干部学习贯彻党的十八届五中全会精神专题研讨班上的讲话》，人民出版社 2016 年版，第 37~38 页。

首先，需要明确乡村振兴战略的整体布局。2019 年 3 月 8 日，习近平总书记在十三届全国人大二次会议河南代表团参加审议，并就实施乡村振兴战略发表重要讲话，强调乡村振兴是包括产业振兴、人才振兴、文化振兴、生态振兴、组织振兴的全面振兴。这意味着乡村振兴需要整体推进、全面落实。其次，需要明确的是乡村振兴战略的主导。2018 年中央一号文件对乡村振兴战略的组织工作做了原则规定："建立实施乡村振兴战略领导责任制，实行中央统筹省负总责市县抓落实的工作机制。党政"一把手"是第一责任人，五级书记抓乡村振兴。县委书记要下大气力抓好'三农'工作，当好乡村振兴'一线总指挥'。"在五级书记齐抓共管的基础上，文件特别点明了县委书记是乡村振兴战略"一线总指挥"的特殊地位，同时点明了乡村振兴战略实施方法的基层落脚点。最后，需要直面的问题是，乡村振兴战略的基本实施单位。2020 年 4 月，中共中央办公厅印发了《关于持续解决困扰基层的形式主义问题 为决胜全面建成小康社会提供坚强作风保证的通知》指出"深化治理改革为基层放权赋能""总结一些地方的新鲜经验，进一步向基层放权赋能，加快制定赋权清单，推动更多社会资源、管理权限和民生服务下放到基层，人力物力财力投放到基层"。可见，构建基层治理体系和提升基层治理能力有助于乡村振兴战略的实施。

那么，如何定位乡村振兴战略实施的基本实施单位呢？《中华人民共和国宪法（2018 年修正）》第三十条规定，中华人民共和国的行政区域划分如下：（一）全国分为省、自治区、直辖市；（二）省、自治区分为自治州、县、自治县、市；（三）县、自治县分为乡、民族乡、镇。从宪法上看，全国行政区划为省—县—乡三级制，无疑，处于中间环节的县具有纽带作用；从行政区划数目来看，截至 2020 年底，中国县级区划数是 2844 个，乡镇级区划数是 38739 个，与以乡镇为单位落实乡村振兴战略相比，以县为单位在统筹规划、整体推进方面具有独特的优势，具有经济、政治、文化、社会、生态五位一体的整体性；与以省为乡村振兴的基本单位相比，县的优势是能直接接触基层，收集的相关信息更为细致、直接和完整。以上三点足以说明县域发展在乡村振兴中的地位，也为实现以县为单位的乡村振兴方法提供了坚实的基础。

一、乡村振兴战略的整体性与主导性

党的十九大报告对践行乡村振兴战略提出了"产业兴旺、生态宜居、乡风文明、治理有效、生活富裕"的总要求，而五大振兴也是践行这一总要求的重要举措。五大振兴是相互联系、相互作用、相互促进、不可分割的整体，目的在于实现农民的福祉，[①]不可割裂开来。从小的方面讲，以农村厕所革命为例，其布线管道要与农村街区道路硬化协同进行，否则等道路硬化之后再铺设地下管道，会造成极大的物力人力浪费。从大的方面讲，五大振兴中产业振兴是基础，而产业振兴需要人才、组织、文化、生态的振兴。由此可见，五大振兴是一个整体，需要统筹兼顾。

统筹乡村振兴战略需要科学系统地统筹规划，起主导作用的是党和政府。作为社会主义国家，集中力量办大事是我国的制度优势，乡村振兴战略作为党和国家的重大战略决策，各级政府都负有统筹协调责任。因此，2018 年中央一号文件指出，建立实施乡村振兴战略领导责任制，实行中央统筹省负总责市县抓落实的工作机制。中央统筹是乡村振兴战略总体的统筹，是全国意义上的统筹，考虑到我国地域辽阔，乡村振兴战略统筹规划的责任需

---

① 韩俊：《谱写新时代农业农村现代化新篇章》，《人民日报》，2018 年 11 月 5 日，第 7 版。

要省、市、县等各级政府都承担起来。

而关于乡村振兴基本实施单位的问题则值得特别关注。以县为基本单位进行农村问题研究和实践推进，是我们的一贯主张。就中国的行政体系而言，虽然各级政府自上而下是连贯一体的，但也存在着明确的垂直分工。一般来说，省政府对乡村相关信息的了解是基于省域范围内的普遍性问题，而具体落实乡村振兴战略，则需要统筹考虑各个县各个乡镇乃至各个村落的特殊情况。因而，以县为整体单位在村落分布的基础上进行统筹布局，既可以把一个县作为整体单位进行顶层设计和整体规划，又可以针对全县域范围内的村落进行因村施策，做到整体性、区域性与局部性实施的内在统一，使乡村振兴战略的落实既贯彻中央和省一级的普遍性要求，又可以与村落的具体情况紧密结合起来，从而具备了在原则性基础上的灵活性和适应性。

为什么这样说呢？这是由处于国家行政体系中间地位的县一级的体制地位和功能所决定的。

其一，从城乡关系的角度看，作为行政单位的县是城市和农村的过渡区域，是城市和乡村之间的中间体，是城乡融合的空间表征。认真研究中央关于乡村振兴战略的本质要求我们不难发现，乡村振兴在本质上是新时代城乡关系的再塑造，[1] 这个"再塑造"体现在实践上就是城乡融合发展。因此，建立健全城乡融合发展体制机制和政策体系，加快推进农业农村现代化也是落实乡村振兴战略总要求的重大决策部署。从改革开放以来的城镇化实践看，就全国范围来说，城市发展突飞猛进，中国的大城市已经与发达国家没有大的区别，甚至在很多方面比世界上一些著名的大城市还要发达，但是，与此相对的是乡村发展相对滞后，故而乡村振

---

① 张艳萍：《乡村振兴战略下中国城乡关系的重构》，《农业经济》2018 年第 12 期。

兴战略要求建立新型的城乡融合发展机制，实现城镇和乡村融合发展。从空间存在和功能发挥的角度看，只有县兼具城和乡的双重功能。从空间分布来看，乡镇一级具有从县城到村落的过渡性质，本质上是历史上自然形成的以步行为交通工具、当日可以返家的空间经济场域。随着时代的变化，乡镇的范围大小也经常调整，但是这种调整也是在一定空间范围内的两三个乡镇之间的收缩和扩张而已，在本质上它不具备城市的性质。在社会主义市场经济时代，由于国家政策的推动，有些乡镇可能成长为城市甚至特大城市，比如深圳，但在普遍意义上，这种情况只是个案而已。从功能角度讲，乡镇只是为周边村落进行行政和生活服务的中心点，不具有城市相对全面的功能，既没有像县一样的行政服务功能，也没有像县一样的经济、政治、文化和社会功能。因而，以县为单位推进乡村振兴更能统筹城乡发展空间，进而将城乡作为一个整体来促进城乡融合发展。习近平总书记在指导兰考县结合教育实践活动抓好改革发展稳定各项工作时，提出要"把强县和富民统一起来，把改革和发展结合起来，把城镇和乡村贯通起来，不断取得事业发展新成绩。"① 这三个要求，把城镇和乡村贯通起来，明确指出了县域在城乡融合发展中的重要作用。

除了行政体制机制外，乡村振兴若要落实到产业、人才、生态、文化、组织的全面振兴。与省域和乡镇相比，县域视角下的统筹安排则更具信息和效率优势。以县为单位的产业振兴下文再谈，在此不再赘述。就人才振兴看，实现农业产业化需要爱农业、懂技术、善经营的新型职业农民。这些新型职业农民中，既要有了解资金、技术、市场等与农业经营相关的技术人才，也要有在

---

① 《认真学习焦裕禄精神 笃行"三严三实"要求：扎实开展第二批党的群众路线教育实践活动学习读本》，人民出版社 2014 年版，第 51 页。

产业、生态、文化、治理等领域具备相应专业知识的技术型人才和管理型人才。这些人才队伍当然可以从外地引进，但主体部分主要靠自己来培养。就人才培养来说，从规模和效果来看，最合适的配置是以县为单位进行。以省和地级市为单位，很难照顾特殊性和个性需要，以乡镇为单位，很难达到培训最基本的规模。以县为单位进行人才培养，在县域范围内，县级职业技术学校和乡、村的培训网点形成有机分工，分担不同层次人才培训功能，是最佳培训路径。同时，县域层面可整合县、镇、村三级农技力量，形成"专家组+试验示范基地+农技人员+科技示范户+辐射带动农户"的科技推广模式，带动农民培训的有效展开。正如2018年中央一号文件提出的，"建立县域专业人才统筹使用制度，提高农村专业人才服务保障能力"。因而，就人才振兴的角度考虑，培养造就一支懂农业、爱农村、爱农民的"三农"工作队伍需要以县为单位来实施。

生态振兴需要统筹山水林田湖草系统治理，在此基础上进行统一保护、统一修复，这种治理多是跨乡镇的，决定了这项工作在村级、乡镇级完成有一定难度。此外，生态振兴和产业振兴关系密切，产业发展和生态保护相互融合，要通过生态产品供给，满足人民日益增长的生态环境需要。具体到实践层面，产业和生态的业态融合，需要推动农业与旅游、康养、文化等产业融合发展，因而县域范围内的科学规划和合理布局显得尤为重要。

关于文化振兴，需要加强农村公共文化建设，健全乡村公共文化服务体系。从文化设施建设来看，目前乡级虽然设有文化站，村级设有文化服务中心，但考虑到人数及面向的群体，可能在文化需要的多样性上与县级层面有一定差距。县级图书馆、文化馆、博物馆等多种公共文化服务设施，可以在县域范围与乡村的文化设施有机结合，有效形成以村镇为站点、以县域为整体覆盖的综合性公共服务文化体系。2018 年中央一号文件提出："发挥县级公共文化机构辐射作用，推进基层综合性文化服务中心建设"，这明确指出了县域视角的公共文化建设在文化振兴中的重要作用。此外，由于历史上县级行政区域的稳定性，地域特色历史文化通常也以县域为单位存在，包括方言、风俗、地方特色文化等，这些文化的保存更适合在县的范围进行。

关于组织振兴，围绕基层党组织建设，建设有坚强战斗力的基层党组织，需要调派年富力强的党员干部充实到基层党组织，当好村支书，做好乡村振兴的领头人。在组织上，县域范围有着完整的党政系统，较乡有更为充足的干部人才储备，这样的干部人选可在县域内进行选拔和组织调配，为实现组织振兴提供了坚实的基础。

其二，乡村振兴战略所指向的乡村，不是实体性的概念，而是要在城市和农村之间的关系中来定义的关系性概念，从这个意义上讲，乡村振兴不能简单理解为"农村振兴"。国家《乡村振兴战略规划（2018—2022 年）》指出，"乡村是具有自然、社会、经济特征的地域综合体，兼具生产、生活、生态、文化等多重功能，与城镇互促互进、共生共存，共同构成人类活动的主要空间。乡村兴则国家兴，乡村衰则国家衰。"从这层含义上讲，农村与城市相对应，主要是一个经济概念，强调的是物质方面的内容差异；而乡村则与"都市"概念相对应，指的是一个内涵更丰富、内容更综合，更有情感色彩和人文关怀的生产生活共同体，更加强调精神价值、生活方式和归属感，强调的是相对于都市来说的综合性关系，它的本质含义是"家园"。正如习近平总书记所指出的，农村是我国传统文明的发源地，乡土文化的根不能断，农村不能成为荒芜的农村、留守的农村、记忆中的故园。这也就说明，总书记所关注的，不只是农村经济发展和农业的进步，而是要同时守护好中华文明传承物质载体的精神故土，农村不是暂时的栖居地，一定要建设好几亿农民的美好家园。①

其三，乡村振兴战略也不能简化为"村庄振兴"。行政村是农村基层的基本建制单元，但时有调整。例如，湖北、湖南、广东等地掀起了农村基层建制单元的"重组浪潮"，且路径也不同。②在长达十几年的新农村建设过程中，最大的教训之一就是将建设重点和基本单元设置为村庄，结果在实践中将新农村建设简化为新村庄建设，甚至简化为新房建设。造成的结果是资源资金效率低下，利用粗放，各种生产要素和发展因素高度分散，不能形成结构性整体，政府的行政力量和市场的资源配置作用不能很好地契合，政府各部门的力量也无法很好地实现整合。乡村振兴是县域内的全域振兴，当然必须做好村庄建设发展的具体工作，但是如果仍然将理解认识层次、着眼点和基本推进单元放在村庄，就无法将一个区域内的乡村作为整体和体系加以看待，乡村振兴也就无从谈起。

此外，城镇化会导致大量村庄消失，这是自然规律。对此，2018 年中央一号文件提出了对具备条件的村庄，要加快推进城镇基础设施和公共服务向农村延伸；对自然历史文化资源丰富的村庄，要统筹兼顾保护与发展；对生存条件恶劣、生态环境脆弱的村庄，要加大力度实施生态移民搬迁，这需要加强各类规划的统筹管理和系统衔接，形成城乡融合、区域一体、多规合一的规划体系。这一系列关于村庄的规划需要在县的范围进行。

---

① 王立胜、刘岳：《乡村振兴战略：新时代农业农村工作的总遵循》，《红旗文稿》2018 年第 3 期。

② 李华胤：《走向治理有效：农村基层建制单元的重组逻辑及取向——基于当前农村"重组浪潮"的比较分析》，《东南学术》2019 年第 4 期。

二、县在乡村振兴中的作用：一个历史视角

"郡县治，天下安"，2015 年 6 月 30 日习近平总书记在会见全国优秀县委书记时谈道："在我们党的组织结构和国家政权结构中，县一级处在承上启下的关键环节，是发展经济、保障民生、维护稳定的重要基础"。[①] 这是从县域治理角度高度概括县一级的重要作用。中国有 2800 多个县，面积占国土面积的 80% 以上；2018 年，400 样本县（市）地区生产总值之和为 20.2 万亿元，约占 2018 年中国 GDP 的 22.4%；[②] 具体到各个县，根据 2016 年 2079 个样本区县的数据可知，县域 GDP 占全国 GDP 一半以上，县域财政收入占全国财政收入的 16.7%，县域财政支出占全国财政支出的 34.1%，县域所承载的第二、第三产业就业人员占全国第二、第三产业就业人员的一半以上。[③] 从这三组数据中可以发现，县域所涵盖的人口、县域经济的体量、县域所承担的支出责任以及承载的就业规模均体现了县的经济和社会责任。这也意味着，县域经济的发展与国家的安定富强是紧密联系在一起的。

中国县域治理有着悠久的历史。关于郡县制的起源，学术界共同的看法是起于春秋，形成于战国，而全面推行于秦始皇统一天下之后，[④] 而且中国历史上的地方政府是以县为基础单位的。[⑤] 除此之外，历史上中国县以上的行政区划时常发生变动，但县始终作为最基础的行政机构直接管辖农业人口，这适应了中国农耕

---

① 《做焦裕禄式的县委书记》，中央文献出版社 2015 年版，第 66 页。
② 数据为作者根据《中国县域经济发展报告（2019）》和《中国统计年鉴 2019》整理所得。
③ 数据为作者根据《中国县域统计年鉴（2017）》和《中国统计年鉴 2017》整理所得。
④ 周振鹤：《中国地方行政制度史》，上海人民出版社 2014 年版，第 14 页。
⑤ 钱穆：《中国历代政治得失》，生活.读书.新知三联书店 2012 年版，第 10 页。

社会的社会管理要求。① 因此，这是历史上最稳定的一级行政区，在幅员、数目与名称方面变化起伏最小。从政府部门组织架构来看，始于魏晋南北朝的"官吏分途"一方面使各地郡县长官职位从由当地精英充任转为由中央政府直接任命调遣；另一方面，流品内外官吏职分两途，官与吏在职业生涯、等级位置、激励设置等组织制度方面渐行渐远，最终为巨大的沟壑所隔离。② 从治理的角度来说，中国长达两千余年的封建制度历史说明县作为安邦治国的基本单位是成功的。

中华人民共和国成立以后，县作为最基层的具有完整行政功能的机构这一点仍然被保留了下来。在组织架构上，中华人民共和国成立后政府管理层级从上到下分为五级，"地级市"因 20 世纪 80 年代的"市管县"改革而生，虽下辖若干县，但这一级行政区划未得到宪法的确认。③ 关于行政功能，县在行政序列上成为最基层的行政机构，具有完整的经济建设、政治建设、文化建设、社会建设、生态文明建设等职能，这与乡村振兴要求的五大振兴是对应的，县具备落实乡村振兴的完整行政功能。而乡一级行政功能不如县齐全，举例来说，乡（镇）级政府不设纪委、法院、检察院等，且税务、公安等主要职能机构都是县级对口部门的派出站所，因此与乡镇政府相比，县更具对应的管理权限，也更具必要的执法权限。这导致了乡镇一级政府尽管可直接与农民打交道，但本身不具有完整的行政功能限制了其制定和执行完整社会经济政策的能力。④ 政府既然是实施乡村振兴战略的主导，政府的层级与组织形式必然与落实乡村振兴战略的效果息息相关。从这

① 李孔怀：《中国古代行政制度史》，复旦大学出版社 2006 年版。
② 周雪光：《从"官吏分途"到"层级分流"：帝国逻辑下的中国官僚人事制度》，《社会》2016 年第 1 期。
③ 白钢：《中国政治制度史》，天津人民出版社 2016 年版，第 968 页。
④ 赵树凯：《乡镇治理与政府制度化》，商务印书馆 2010 年版。

点上看，县级政府依靠其完整的行政功能成为乡村振兴战略的最基层落实者，这是在行政功能上进行以县为单位的乡村振兴的最重要依据。在行政管理体制方面，中华人民共和国成立后，我国在行政管理上采取了垂直管理和属地管理相结合的行政体制，形成了"条块"关系。"条"就是从中央部委到地方对应职能部门的垂直管理体系，"块"就是除中央外四个层级的地方政府。中央政令的执行通过"条"和"块"进行，"条"以中央部委规章条文逐级对口下达的方式进行管理，倾向于强调"统"的一面；"块"以各级地方政府从上级获得授权对辖区进行综合治理，对地区事务有一定的根据本地情况进行决策的自主性和能动性，倾向于强调"分"的一面。两者共同构成了统分结合的行政管理体制。①

具体到乡村振兴战略实施，政府主导作用的发挥离不开组织架构和行政管理体制安排。乡村振兴作为国家的顶层战略，中央对乡村振兴进行总统筹，其中各分项规划由中央部委制定并颁发，并纳入项目制管理下，提供项目资金，这体现了乡村振兴战略"统"的一面。同时，乡村振兴总体战略由各省负责实施，由于中国的行政管理体制上各级政府在职责和机构设置上高度统一，每级政府都管大体相同的事务，实际上乡村振兴战略的执行就要落到县级。县级政府的职责十分具体，统分结合的"条块"体制在县级得到了汇聚，且县级政府在决策权方面具有一定自主性，这体现了"分"的一面。再具体点，正所谓"上面千条线，下面一根针"，作为政府间"条块"关系的汇聚点，县级政府对接着中央部委及上级职能部门，就乡村振兴制定的项目进行落实，可以根据本地区的具体情况，使项目真正落地，这都体现了在治理意

---

① 周振超：《当代中国政府"条块关系"研究》，天津人民出版社 2009 年版。

义上以县为乡村振兴单位的作用。正如习近平总书记在会见全国优秀县委书记时指出的，"县委是我们党执政兴国的'一线指挥部'，县委书记就是'一线总指挥'，是我们党在县域治国理政的重要骨干力量。"① 正是在这个意义上，乡村振兴的一线指挥部由县委承担，县委书记是一线总指挥。

政府在乡村振兴战略中起主导性作用。这种主导作用就在于其要始终把握乡村振兴战略的总体目标，要实现县域乡村治理体系和治理能力现代化。从政府组织架构角度看，《乡村振兴战略规划（2018—2022 年)》提到，"科学设置乡镇机构，构建简约高效的基层管理体制，健全农村基层服务体系，夯实乡村治理基础。"从基层政府治理体系构建来看，党的十九大报告在乡村振兴战略中提出要"加强农村基层基础工作，健全自治、法治、德治相结合的乡村治理体系"。从行政管理体制安排来看，村委会构成了村民自治制度，而非上级政府的下级机构，这是社会主义基本政治制度的重要体现。这三方面决定了乡村治理体系的建设与完善，就是要实现以党的基层组织为核心，以村民自治组织为主体，两者相辅相成，实现德治与法治结合，构成治理有效的基础。在新时代乡村治理体系中，村支部和村委会构成了治理的两个主体，在县域治理层次，从下往上的党和政两条线在县级又形成了一个汇聚点，党的领导除了党组织系统，也在县级通过政府行政措施普及到各村。这样，在乡村振兴中县域治理的重要性体现在对上对下县级都是汇聚点，起到了连接、枢纽的作用，即"上接天线，下接地气""对上，要贯彻党的路线方针政策，落实中央和省市的工作部署；对下，要领导乡镇、社区，促进发展、服务民生。"②

---

①② 《做焦裕禄式的县委书记》，中央文献出版社 2015 年版，第 67 页、第 52 页。

三、县域经济与乡村振兴：一个现实视角

县域经济是一个国家或地区的基本经济单元，县域经济体承担着县（市）全域的经济发展任务，也负有全域的社会民生改善责任，只有县域经济得到更好的发展，国家才能真正实现经济兴隆发达、民众安居乐业的治理目标。[1] 县域经济不仅在总量上地位很重要，也是功能较为完整的经济综合体。在一县之内，城镇和乡村是紧密联系的市场，在这个市场中农业和工商服务业相互融合，有功能完整且具有一定自主权的政府。"有效市场"和"有为政府"的结合使得县域经济的发展为乡村振兴提供了重要的物质条件。

整体来说，作为功能较为完备的经济综合体，县域经济顺理成章地为城乡融合提供了切入点。首先体现在县域范围内的城市化。[2] 城市化与经济发展互相带动，这是各国经济发展中呈现的历史经验事实，中国也不例外。改革开放以来的经济发展与城市化进程的加快呈同比的关系。就城市化而言，大、中、小城市包括城镇构成了城市规模的生态体系，农村人口流往大中城市固然是一个方向，农村人口就近城镇化也不可忽视。县域范围内的城市化一方面未割裂本地城乡之间的紧密联系，利于城乡融合发展；另一方面，与流入大城市相比，县域范围的城市化除了更有利于城乡互动，也更有利于农村优秀传统文化在城市的维持。因为在一县范围内具有相同的文化特色，这些文化乡愁不会随着城市化而流失。此外，农民远距离流入大城市和其他城市，如果没有配套的户籍等政策支持，会造成大量留守人员问题，不利于农村经

---

[1] 吕风勇、邹琳华：《中国县域经济发展报告（2017）》，广东经济出版社2018年版，第3页。

[2] 温铁军：《推进县经济范围内的城镇化》，《农村工作通讯》2013年第24期。

济发展，甚至造成农村凋敝。

从经济层面看乡村振兴，乡村振兴的总要求中，产业兴旺是重点。产业兴旺首先要求巩固农业在国民经济中的基础地位，发展现代化农业。现代化农业是包含产业体系、生产体系、经营体系等体系，科技、生态、文化等多方面紧密结合的综合体系，需要各类专业化和市场化的服务组织为现代农业提供各类支持，以实现小农户与大市场的对接。这些服务组织的出现需要资金支持、人才进入以及政府扶持，这些服务组织在适应地方特色的同时最好具有一定的网络或规模效益，这些需要在县域范围内实现。除了农业以外，第二、第三产业也是产业振兴的重要内容。第二、第三产业不仅提供更多的就业机会，还能推动构建一二三产业融合发展的体系。农村的一二三产业融合的关键是在农业基础上形成产业链、价值链、供应链，即形成全产业链。与农村相比，在县域范围内构筑农村一二三产业融合发展体系更为合适。因为在县域范围，产业融合所需要的科技支持、专业人才、融资便利和国内外市场对接等条件较容易实现，第二、第三产业也更容易形成规模效益，同时又能够与当地农业特色相结合。除此之外，包含县城在内的县域经济的整体发展，可以促成更大范围的工业反哺农业、农业生产的科技化和集约化，从而通过产业联动为产业兴旺提供更坚实的经济基础。正是县域范围包括农业在内的各产业之间的密切联系，实现产业融合发展也为县域范围城乡融合发展提供了坚实的经济基础。

从公共服务角度看，乡村振兴正是县域范围经济整体发展的需要，为实现县域范围内城乡公共服务均等化提供了可能。2018年9月颁发的《乡村振兴战略规划（2018—2022年）》把增加农村服务供给列为重要内容，提出："促进公共教育、医疗卫生、社会保障等资源向农村倾斜，逐步建立健全全民覆盖、普惠共享、城乡一体的基本公共服务体系，推进城乡基本公共服务均等化。"促进城乡公共服务均等化，要求各级政府增加相应的投入，通过县域经济的发展，能够增强县一级的财政实力，为推进本地城乡公共服务均等化提供强大的财政基础。这方面所需要的财政能力是乡村所无法实现的，只有县级通过县域经济的发展才能具备这样的能力。[①] 在城乡公共服务均等化的具体安排上，县级政府对本地乡村情况的了解使之能够合理安排公共服务的重点方向和解决顺序，合理统筹上级政府对城乡公共服务均等化的项目支持，使城乡公共服务均等化落到实处。

由以上分析可见，实现县域经济的整体发展不仅是建立城乡融合发展机制的必由之路，更重要的是通过县域经济发展可以推动内源型城乡融合发展。内源型的城乡融合发展体现在县域经济在县政府领导下，寻找县域特色优势，发挥市场机制作用，以第二、第三产业带动农业发展，形成一二三产业融合，在这样的城乡融合发展中，乡村也获得了自身的发展动力，能够通过发挥自身比较优势参与城乡互动，实现互相带动，互相促进，改变乡村发展被动和依赖的一面。实现内源型城乡融合发展的重要性还体现在能够改变对转移支付的依赖，减少上级政府的财政负担，使乡村振兴战略更好地得到落实。否则，只依靠上级资源注入来带动，这样的外生援助型发展是无法具有持续性的，也与乡村振兴战略的初衷背道而驰。

四、结论

乡村振兴战略是解决"三农"问题的国家战略，这是由新时代的社会主要矛盾已转变成发展不平衡不充分的矛盾所决定的。

---

① 盛克勤：《理解县域治理的三重维度》，《群众》2017 年第 12 期。

实施乡村振兴战略是解决新时代社会主要矛盾的必要举措。以县为单位落实乡村振兴战略是由县在国家治理体系中以及在城乡关系中的枢纽地位所决定的。

乡村振兴战略给出了规划与发展方向，在如何落实上还存在方法论的问题，实现以县为单位的乡村振兴是落实乡村振兴战略的重要举措。这首先在于县是具有完整行政功能的最基层行政单元，在一县之内，有城市有乡村，城乡联系密切；有完整的三大产业，易于实现一二三产业融合发展；有完整的政治、社会、文化、生态系统，形成了完整的县域治理。实现县域经济的整体发展，是推动实现农业农村现代化和实现城乡融合发展的必由之路，也响应了实现新时代高质量发展的总体要求。同时，党的十九大报告指出，在新时代为实现建设社会主义现代化强国目标，要统筹推进经济建设、政治建设、文化建设、社会建设、生态文明建设"五位一体"总体布局，农村工作也要体现"五位一体"的总体布局，使乡村振兴成为新时代发展的"五位一体"总体布局的有机组成部分，促进中国特色社会主义事业的全面协调可持续发展。

总之，实现以县为单位的乡村振兴在又快又好地落实乡村振兴战略中意义重大。以县为单位的乡村振兴的可行性就在于实现县域经济的整体性，以及县域政治、文化、社会、生态文明的整体发展。依靠县域治理体系的构建和县域经济的发展，实现的是内源型城乡融合发展。正是在这个意义上，可以说县域治理搞好了，县域经济发展了，县域的政治、文化、社会、生态文明进步了，乡村振兴就实现了。

目　录

导论：乡村振兴战略的理论阐释

党的十九大报告明确提出，中国特色社会主义进入了新时代。我国社会主要矛盾已经转化为人民日益增长的美好生活需要和不平衡不充分的发展之间的矛盾。新时代，我国社会主要矛盾在农村有其特殊表现：我国最大的发展不平衡，是城乡发展不平衡；最大的发展不充分，是农村发展不充分，这表现为农业发展质量效益竞争力不高，农民增收后劲不足，农村自我发展能力弱，城乡差距依然较大。解决这个矛盾，实施乡村振兴战略是必然选择，正如习近平总书记在 2013 年中央农村工作会议上指出的："中国要强，农业必须强；中国要美，农村必须美；中国要富，农民必须富。农业基础稳固，农村和谐稳定，农民安居乐业，整个大局就有保障，各项工作都会比较主动。"解决好"三农"问题，实施乡村振兴战略，实现农业农村现代化，是未来几十年建设社会主义现代化强国这一总体目标的必然要求。研究乡村振兴战略问题有很多角度，本部分试从马克思主义政治经济学的角度予以解读，以求教于大家。

第一节　城乡关系的新认识：城乡融合理念的确立

乡村振兴战略的提出意味着中国共产党站在新时代的高度对城乡关系问题形成了新的认识成果，这个成果就是城乡融合理念的确立。

城乡融合也是马克思主义关于解决城乡关系问题的基本主张。在 1847 年《哲学的贫困》中马克思写道："城乡关系一改变，整个社会也跟着改变。"马克思主义城乡关系理论认为，城乡关系演进与生产力发展水平密切相关，生产力的发展推动着人类生产方式与生活方式的变革，由此带动城乡关系不断演进；在人类社会发展的历史长河中，城乡关系要依次经历城乡依存、城乡分离、城乡融合三个阶段。① 随着生产力的发展，农业和畜牧业所提供的剩余粮食和劳动力不断增加，分工以及紧密的协作关系形成了城市。在前工业社会中，农业文明处于中心和主导地位，城市尚处于农业文明母体之中的发育雏形期，城乡关系呈农强城弱的浑然一体状态。② 城乡分离和对立是生产力发展到一定阶段出现的必然现象，正如马克思指出的，之所以会出现城乡分离和对立，根源在于生产力虽然获得了发展，但是发展仍然不足。农业中出现了剩余劳动力，为农业和工业分离提供了条件，但是工业生产力水平发展不足导致乡村农业人口分散和城市工业人口的集中，进而出现城乡对立。③ 随着生产力进一步发展，城乡将趋于融合，因为"消灭城乡之间的对立，是共同体的首要条件之一，这个条件又取决于许多物质前提"。④ 恩格斯在《共产主义原理》中首次提出城乡融合的概念，他提到："通过消灭旧的分工，进行生产教育、变换工种、共同享受大家创造出来的福利，以及城乡的融合，使社会全体成员的才能得到全面的发展。"⑤ 芒福德也认为城与乡不能截然分开，城与乡同等重要，城与乡应当有机结合在一起。

在马克思主义相关理论的基础上，总结中国实践经验，剖析中国国情，可发现城乡关系处于不断变化之中，且具有明显的阶段性特征。城乡关系这一本质问题集中表现为"三农"问题，解决城乡对立问题，就必须要解决"三农"问题。城乡关系的阶段性变化不仅体现在对"三农"问题的认识上，还体现在一系列针对"三农"问题的政策设计上，前者是认识论范畴，后者则是方法论范畴。首先，"三农"问题是一个什么范畴的问题？这是认识城乡关系的核心和突破口。"就'三农'论'三农'，已经难以从根

---

① 白永秀、王颂吉：《马克思主义城乡关系理论与中国城乡发展一体化探索》，《当代经济研究》2014 年第 2 期，第 22 ~ 27 页。

② 林聚任、王忠武：《论新型城乡关系的目标与新型城镇化的道路选择》，《山东社会科学》2012 年第 9 期，第 48 ~ 53 页。

③ 董济杰：《马克思恩格斯城乡关系理论及对当前中国城乡一体化的启示》，《前沿》2017 年第 8 期，第 11 ~ 17 页。

④⑤ 《马克思恩格斯选集（第一卷）》，人民出版社 1995 年版，第 104 页、第 224 页。

本上解决'三农'问题。我们只有跳出'三农'抓'三农'，用统筹城乡发展的思路和理念，才能切实打破农业增效、农民增收、农村发展的体制性制约"。① 这意味着，"三农"问题表面上看分别涉及农业、农民、农村三个方面，常见的思维方式是农业遇到什么不足，可以出台关于加强农业发展的意见；农民遇到什么状况，可以出台改善农民状况的意见；农村遇到什么问题，可以出台改进农村工作的意见。但这种思路显然是对"三农"问题分割的、孤立片面的认识，在认识论上犯了机械论和形而上学的错误。"三农"问题的表象是农业效益低，农民收入低，农村发展水平低，但这种低是有比较对象的，是与工业、城市居民、城市发展水平相比较得到的结论。因此，"三农"问题本质上是在国家社会发展过程中工业与农业、农民与市民、城市与乡村之间发展失衡的问题，即城乡对立问题，由于工业和市民集中在城市，"三农"问题本质也变成了城乡关系和矛盾的不平衡。因此，就"三农"本身论"三农"问题，解决不了"三农"问题，而应该聚焦于城乡二元分割的体制上。城乡二元经济结构是发展中国家工业化过程中出现的一般现象，会出现以城市中制造业为主的现代化部门和农村中以传统生产方式为主的农业部门并存的现象。就中国而言，城乡二元结构也出现在经济发展过程中。

从发展阶段来看，1949～1978 年中国最根本的问题就是如何解决农业快速发展并为工业化奠定基础和提供保障。城乡关系实质上是工农业关系的更广泛表现，在推行农村经济体制由个体经济、合作经济向"政社合一"的集体经济转变过程中，城乡分隔的壁垒也逐步形成，农民被束缚于既有的土地和社区内不得自由流动，这就是所谓的城乡"二元结构"。② 这种城乡二元分割体制使农民在既有的土地和农村中不得自由流动，集中力量做好农业积累，为国家的工业化服务，同时减少了对城市的就业、粮食供应等各方面的冲击。中国的农业、农民、农村在改革开放前为中国的工业化做出了巨大贡献，这些工业成就和相应的城市发展为改革开放积累了良好

---

① 习近平：《之江新语》，浙江人民出版社 2013 年版，第 43 页。
② 武力：《1949—2006 年城乡关系演变的历史分析》，《中国经济史研究》2007 年第 1 期，第23～31 页。

的物质基础。

1978 年底党的十一届三中全会以后，城乡关系进入了一个新的历史时期。过去完全由政府控制的城乡关系开始越来越多地通过市场来调节，但是农业支持工业、乡村支持城市的趋向并没有改变。[①] 改革开放首先是从农村开始的，首先是农业生产上的体制改革。家庭联产承包责任制在维持土地集体所有制的基础上取代了原来的人民公社，加上以化肥使用和农作物品种改良为代表的农业科技进步，这些促使粮食产量得到了极大提高，很快解决了温饱问题。改革开放后的农业对工业的支持除了农业生产效率迅速提高对工业提供更多的农产品剩余支持外，更重要的是通过改革开放引入了市场经济体制，农民开始以转移劳动力的方式参与工业化进程，包括农民创办乡镇企业和作为农民工进入城市。这表明，改革开放后二元分割的城乡壁垒开始松动，特别是户籍制度开始松动。

在这一时期，农民的劳动力转移开始以市场的方式实现，但市场化的经济发展本身也会存在拉大发展差距的倾向。相比农村发展，城市产业的聚集效应使高生产率的产业都集中在城市，拉大了城市和农村的发展差距，农村的乡村工业和乡镇企业也必须适应这种聚集的过程。农民可以从农村移居城市加入城市化和工业化浪潮，但对农民工来说，由于之前在农村受到的教育层次低导致的知识水平限制，高生产率和高收入水平的职业机会难觅。并且，城乡二元体制只是松动，城乡分割的体制仍然存在，"三农"仍是处于为工业化城市化服务的附属地位。改革开放后的城乡发展差距拉大，这成为全国收入分配差距的主要成因。1978 年城乡居民收入差距是 2.37 倍，1985 年缩小到 1.72 倍，但随着 20 世纪 80 年代中后期改革重心开始转向城市，城乡收入差距又开始扩大，到 1995 年扩大到 2.47 倍，到 2004 年则扩大到 3.21 倍。[②]

意识到解决"三农"问题对于实现共同富裕的意义，党中央对此格外重视。从农业发展入手，针对"三农"问题采取了一系列措施。在改革开

---

① 武力：《1949—2006 年城乡关系演变的历史分析》，《中国经济史研究》2007 年第 1 期，第 23 ~ 31 页。

② 作者根据《中国统计年鉴（2005）》整理。

放初期的 1982～1986 年间连续发布了五个中央一号文件，对当时以土地承包制为核心的农村经济体制改革和农业发展做了部署。当时中央关注"三农"问题的核心在于农业生产效率的发展，通过出台系列农业政策激发广大农民的生产积极性，农业发展取得了极大的成效。随着改革开放和城市化的进一步发展，城乡发展差距继续拉大，"三农"问题更加突出。"三农"问题不再只是农业落后于工业的问题，更在于"三农"问题系统性和整体性的变化，因农产品附加价值低，农民仅从事农业生产，使收入增加缓慢，这又导致农村发展缓慢。这个问题在 20 世纪 90 年代初我们开始有所认识。1991 年党的十三届八中全会是改革开放多年后召开的一次专门讨论农业及农村问题的重要会议，与以往会议不同，这次会议不再只关注农业，而是把农业与农村发展联系起来。之后，1998 年党的十五届三中全会明确提出"三农"问题是关系我国改革开放和现代化建设全局的重大问题。2002 年党的十六大提出了全面建设小康社会的宏伟目标，解决好"三农"问题，是其中的关键，提出了"统筹城乡经济社会发展，建设现代农业，发展农村经济，增加农民收入"，这首次明确了统筹城乡发展、缩小城乡发展差距、解决"三农"问题的方式。党的十六大还明确了土地承包经营权流转，反映了农村土地集体所有制实现形式适应经济发展需要的新要求。党的十六大还提出了走中国特色城镇化道路，为农村劳动力有序流入城镇做了部署。2003 年党的十六届三中全会将统筹城乡发展的目的进一步界定为逐步改变城乡二元经济结构，为此国家要加大对农业和农村的财政投入，对在城市有稳定职业住所的农业人口放宽了户籍管理的规定。

此后，中国进入了统筹城乡发展和城乡一体化发展阶段。2004 年，中央一号文件重新聚焦"三农"，指出农民增收对解决"三农"问题的重要性，并加大了财政对"三农"的支持力度，提出了三项补贴政策，即粮农补贴、良种农机具补贴、最低收购价补贴。2005 年十届全国人大常委会第十九次会议做出了废止农业税条例的决定，这意味着在我国延续了 2600 多年的农业税从此不复存在，对农民减负具有典型意义。2005 年党的十六届五中全会提出了社会主义新农村建设，要求"生产发展、生活富裕、乡风文明、村容整洁、管理民主"，这意味着"物的新农村"和"人的新农村"

建设齐头并进。2006 年、2007 年中央一号文件提出了推进社会主义新农村建设的部署，进一步加大支持"三农"工作的力度，提出各种强农惠农的政策。总体来说，党的十六大以来，党中央逐步确立了科学发展观的指导思想。科学发展观的确立是 21 世纪以来中国发展理念层面上的一次重大变化，要求实现全面协调可持续的发展，提出"五个统筹"，其中第一位的就是统筹城乡发展，这也反映了 21 世纪以来党把"三农"工作提高了关系发展全局的战略高度，更加关注农村社会民生和协调发展，以及农民的全面增收，最终消除城乡二元差别。这也表明，相对于之前农业为工业化服务，中国城乡关系进入了工业反哺农业、城市支持乡村的新阶段。

具体到"三农"问题与城乡一体化的关系，这一阶段对这对关系的认识不断深化，相关政策也陆续出台。在发展战略上，继"城乡统筹发展"的提法之后，2007 年党的十七大提出了"缩小城乡差别，加速城乡一体化"。党的十七届三中全会指出，以工促农、以城带乡，形成城乡一体化发展新格局。城乡一体化的一个核心是要实现基本公共服务的均等化，这触及城乡一体化的本质，意味着继以往的城乡差别户籍制度改革之后，城乡在基础设施、教育、医疗、社保等领域也要缩小公共服务差距。

党的十八大以来，以习近平为中心的党中央对"三农"问题和城乡一体化发展做出了适应新时代发展要求的重大部署，并在实践中形成一系列新理念、新战略和新思想。党的十八大报告明确提出了城乡发展一体化是解决"三农"问题的根本途径。除此之外，还提出了走中国特色"新四化"道路，即新型工业化、信息化、新型城镇化和农业现代化同步发展，农业现代化、工业化与城镇化并列，突出强调了三者之间协调发展和互相促进的关系。

城镇化是农业人口通过空间集聚而转化为非农产业人口的过程，而新型城镇化则是强调以人为核心的城镇化，为移居城镇的人口提高其素质和生活质量。从根本上说，由于传统农业生产率低，而现代农业劳动力需求不大，农民增收问题不可能依靠农业自身来解决，只能通过农村富余劳动力移居到城镇从事工业和第三产业来解决，因此，"四化"同步，归根到底是实现可持续发展和协调发展，而城乡一体共同发展正是其中的重要部分。

习近平在党的十八届三中全会上指出，我国城乡二元结构没有根本改变，城乡发展差距不断拉大趋势没有根本扭转。根本解决这些问题，必须推进城乡发展一体化。党的十八届三中全会《中共中央关于深化改革若干重大问题的决定》提出，城乡二元结构是制约城乡发展一体化的主要障碍。必须健全体制机制，形成以工促农、以城带乡、工农互惠、城乡一体的新型工农城乡关系，为此要推进城乡要素平等交换和公共资源均衡配置，完善城镇化健康发展体制机制，促进城镇化和新农村建设协调推进。这些新思路和新做法在理念上已经接近城乡融合的实质性内容。党的十九大对解决"三农"问题的认识又前进了一大步。十九大报告首次提出了乡村振兴战略问题，而乡村振兴战略是城乡融合为旨归的重要战略。"农业农村农民问题是关系国计民生的根本性问题，必须始终把解决好'三农'问题作为全党工作重中之重。""建立健全城乡融合发展体制机制和政策体系，加快推进农业农村现代化。"①

从"城乡统筹发展"到"城乡发展一体化"，再到"城乡融合发展"，反映了党和政府解决"三农"问题战略设计的与时俱进，城乡融合发展在消除城乡二元体制上与之前的战略是一致的，而创新的地方在于不仅强调了政府对于城乡公共服务均衡配置的责任，更强调了乡村与城市的共存共生关系与和谐发展局面。以往"城乡统筹"和"城乡一体化"注重的是缩小城乡差距，注重的是政府的统筹兼顾和公共政策导向，以城带乡、以城补乡，乡村发展是被动的，是被带动和被补贴的发展，乡村发展仍然滞后，城市导向的农村公共政策的结果仍是村庄凋敝。而城乡融合发展更强调了乡村自身的发展动力机制和潜在的发展比较优势，乡村与城市互相带动，互相促进。在以往强调工业化和城市化的推进过程中，农业附属于工业、农村附属于城市的格局之所以尚未得到根本改观，就在于乡村缺乏自我发展的功能，农村人口向城市转移可以增加收入，但这并不能改变农村发展的落后局面。我国至今仍有约一半的人口居于乡村，解决"三农"问题也不可能只依靠城市化的一端。城乡齐头并进才是新时代中国特色社会主义融合发展的必由之路，乡村振兴战略正是站在新时代的高度，着眼于增强

---

①　习近平：《决胜全面建成小康社会 夺取新时代中国特色社会主义伟大胜利》，《人民日报》，2017年10月28日。

乡村的造血机能，从根本层面改变城乡之间乡村被动发展和依赖城市的一面，这无疑是秉承社会可持续协调发展、实现社会主义共同富裕的顶层战略。

第二节 农村发展战略的新定位：解决新矛盾的重要选择

中国社会的主要矛盾已经由人民日益增长的物质文化需要同落后的社会生产之间的矛盾，转化为人民日益增长的美好生活需要和不平衡不充分的发展之间的矛盾，这一主要矛盾在乡村尤为突出。发展不平衡不充分的问题分布于政治、经济、文化、社会、生态五个方面。农村基层党建存在薄弱环节，乡村治理体系和治理能力亟待强化；农产品阶段性供过于求和供给不足并存，农业供给质量亟待提高；农民适应生产力发展和市场竞争的能力不足，专业农民队伍建设亟须加强；国家支农体系相对薄弱，农村金融改革任务繁重，城乡之间要素合理流动机制亟待健全。农村基础设施和民生领域欠账较多，农村环境和生态问题比较突出，乡村发展整体水平亟待提升。新时代中国社会主要矛盾具有整体性，发展不平衡不充分是一个系统性、整体性问题，因此，要把上述问题纳入乡村振兴战略中去，才能从根本上解决乡村的主要矛盾。

中国的社会主义制度脱胎于生产力极端落后的半殖民地半封建社会，解放和发展生产力与实现共同富裕就成为中国特色社会主义建设的双重任务。1981 年党的十一届六中全会指出，在现阶段，我国社会的主要矛盾是人民日益增长的物质文化需要同落后的社会生产之间的矛盾。发展生产力是解决这一主要矛盾的根本途径，改革开放也是为了这一根本任务而采取的措施。改革开放之后一段时期内，追求发展速度成为改革开放的重心，GDP 增长速度成为经济发展的成就和标准。在追求经济高速发展的形势下，由于农业本身的特点和效益状况，市场经济的发展使得发展的天平朝向工业和城市一端，而计划经济时期形成的城乡二元体制又使得资源过度向工业和城市倾斜，乡村的发展对 GDP 和经济增长的作用不如工业和城市作用那么大，因此，对乡村的工作重视也不够。

从经济发展角度看，随着经济的高速增长，人民日益增长的物质文化需要同落后的社会生产之间的矛盾得到了极大缓解。但是，追求总量的增长使资源汇集于城市，城市成为经济发展和现代化的动力，而发展的代价是城乡差距的拉大，主要表现为城市居民收入快速增长而农村居民收入增长缓慢方面。进入 21 世纪，"三农"工作的重心和矛盾解决的侧重点转到了农民增收上。以往对农业的重视并不必然带来农民增收，这主要因为农村劳动力丰裕但土地资源有限，导致农业的低生产率。农民增收的主要途径是农业人口从低收入的农业转移到工业和第三产业，并移居到城市。因此，21 世纪以来的"三农"政策除了给农民减负，增加农业科技扶持外，主要的方法是工业化和城镇化。中国的城镇化率从 1999 年的 30.89% 提高到 2016 年的 57.35%，这是提高速度最快的一段时期。为了配合城镇化的进程，使城镇化的农民享有居住、就业、教育、社保等市民同等权利，国家对城镇化做了总体规划和部署，这正是党的十八大报告"四化"并举中的农业现代化和新型城镇化的政策意义。

城镇化已成为我国经济增长的关键因素，我国的城镇化率每增加 1%，就可拉动当年国内生产总值 1%~2%，城镇化是解决我国"三农"问题的重要途径。但是，城镇化中除了镇区所在人口外，其余的大中小城市人口与农村在空间距离和产业分布上都相去甚远，城镇化实现了人的转移，但城镇化不可能完全替代农村的发展。而且，城镇化特别是让人口往城市集中使得农村中最具生产力的劳动力外流，这容易使乡村出现空心化和凋敝现象，这也是城乡二元经济发展中容易出现的城市与乡村的矛盾。城镇化率只要不是达到 100% 的水平，大量农民仍然生活在农村，农村中的农民仍然面临增收的问题，只要国民农产品消费不可能百分百依靠进口，农村中的农业仍然面临发展的问题。此外，在地域空间上，农村的广大与城市的狭小形成了鲜明对比，农村的发展还具有空间格局的问题，包括资源开发和生态环境的空间格局，也包括乡村文化和社会环境的空间格局，这使得农村发展具有特殊而重要的意义。2015 年 4 月 30 日习近平总书记在中央政治局第二十二次集体学习时的讲话中指出，推进新农村建设，使之与新型城镇化协调发展、互惠一体，形成双轮驱动，高度概括了农村发展与城镇化齐头并进的关系。21世纪以来，在党和政府的关怀下，我国农村发展在新农村建设的战略指引下取得了长足发展，这不仅反映在农村基础设施的改善和农村居住条件以及周边环境的改善上，还表现在农村社会事业的发展和乡村工作的改进上，包括农村义务教育经费国家保障、新型农村合作医疗制度、农村最低生活保障制度和新型农村社会养老保险制度等，都反映了中央财政对农村的支持。

随着多年来我国经济的快速发展，我国经济进入了强起来的阶段。如何才能够强起来呢？在根本意义上就是要集中精力解决人民日益增长的美好生活需要和不平衡不充分的发展之间的矛盾。而城乡之间的不平衡是最大的发展不平衡，农村发展的不充分是最大的发展不充分，这也是党的十九大提出乡村振兴战略的根据。在新时代，在中国强起来的过程中，尽管农业占GDP的比重会进一步下降，但农业的基础地位不会变，农业在保障国家安全的战略地位不仅不会下降，而且还会进一步加强。从农业增产到农民增收，再到农村发展，以往党中央的一系列相关政策侧重的是"三农"的某一或某些方面，到党的十九大的乡村振兴战略，则形成综合性的整体战略设计，成为新时代"三农"工作的总方针。乡村振兴战略把农业增产、农民增收、农村发展作为一个整体来安排，更加关注综合和全面的农村发展。在整体性的视野中，农业增产和农民增收是为了实现农村发展，这与过去侧重于强调发展农业是为工业化积累做贡献、农民是为工业化和城市化提供劳动力的思路是不一样的。此外，党的十九大提出了农业农村现代化，与党的十八大"新四化"的农业现代化相比，增加了农村现代化，表明了农村发展和农村现代化的整体性意义，这比单纯强调农业现代化更加全面、深刻。

乡村振兴这种整体性的战略安排与过去提出的"城乡统筹"和"城乡一体化"的发展思路也有所不同。它是以城乡融合为根本理念，应当说，"城乡融合"是对"城乡统筹"和"城乡一体化"的发展和超越。"城乡统筹"和"城乡一体化"着眼于以工补农和以城统乡，这种思路虽然比城乡对立的理念有所进步，对解决"三农"问题有所裨益，但从发展理念上讲这仍然是以城市为中心的发展模式。强调乡村与城市是共存共荣、互相推动的两个空间发展布局，从以往以城市为中心转变到城市与乡村的双中心，乡村不再依附城市的发展，而要有自己的独立性和自主的发展格局，这种思路成为必然选择。乡村振兴战略正是"城乡融合"理念在国家实践层面的具体实施，着眼于农村发展与乡村振兴，使农村发展与城市发展既有共性又有差异性，使农村形成自主发展的格局，最终消除城乡发展差距。因此，无论从"三农"问题本身来看，还是从消除城乡发展差距来看，乡村振兴战略都是解决"三农"问题和消除城乡差距的政策交汇点，通过增强农村的全面发展来彻底解决"三农"和城乡发展差距问题。这正如《中共中央 国务院关于实施乡村振兴战略的意见》指出的，加快推进农业农村现代化，走中国特色社会主义乡村振兴道路，让农业成为有奔头的产业，让农民成为有吸引力的职业，让农村成为安居乐业的美丽家园。

第三节　农村发展的新思路：实施乡村振兴战略的总要求

关于乡村振兴，党的十九大报告明确指出，产业兴旺、生态宜居、乡风文明、治理有效、生活富裕的总要求。在此基础上，2018 年 3 月 8 日，习近平总书记在参加全国人大山东代表团审议时提出"五个振兴"的科学论断，"乡村产业振兴、乡村人才振兴、乡村文化振兴、乡村生态振兴、乡村组织振兴"。"五大振兴"是落实总要求的举措，这五大要求以及"五个振兴"既是"五位一体，立体布局"在乡村振兴战略上的体现，也是解决乡村社会主要矛盾的路径：产业兴旺和产业振兴针对经济问题，生态宜居和生态振兴针对生态问题，乡风文明和文化振兴是文化层面的要求，治理有效和组织振兴是政治领域的表现，生活富裕和人才振兴是社会方面的体现。

与新时代"五位一体"总体布局是一个有机整体一样，乡村振兴战略作为一个有机整体，也从物质文明、政治文明、精神文明、社会文明、生态文明各个角度要求一致、协同地推动乡村整体振兴和治理现代化。乡村振兴战略的这些总体要求描绘了农业农村的现代化，从党的十八大报告正式提出"四化"同步以来，农业现代化和其他三化，特别是新型城镇化之间是密切联系、同步发展的。2013 年党的十八届三中全会提出了全面深化改革的总目标是完善和发展中国特色社会主义制度、推进国家治理体系和治理能力现代化，这包括政治、经济、文化、社会、生态建设和党的建设等各领域的体制机制的现代化。2015 年 4 月《中共中央国务院关于加快推进生态文明建设的意见》指出了生态文明建设在中国特色社会主义建设事业中的重要性，在"四化"的基础上加入"绿色化"，成为"五化同步"，乡村振兴战略的这些总体要求，也是国家治理体系和治理能力现代化在农村发展和现代化战略中的反映，是这些总体工作布局在"三农"工作中的细化。

关于落实乡村振兴战略规划的大背景，在党的十九大报告和 2017 年 12 月的中央经济工作会议中，习近平总书记提出要坚决打好三大攻坚战，精准脱贫就是其中之一。更进一步，全面建成小康社会，是我们党提出的实现第一个百年奋斗目标，在此基础上还要分阶段向第二个百年奋斗目标，即建设社会主义现代化强国进军。《中共中央 国务院关于实施乡村振兴战略的意见》指出，农业农村农民问题是关系国计民生的根本性问题。没有农业农村的现代化，就没有国家的现代化。乡村振兴战略着眼的农村发展不仅仅只是为了完成全面决胜小康社会的目标，而是适应两个一百年奋斗总目标的长期战略，是建设社会主义现代化强国的战略之一，也是最终实现全体人民共同富裕的重要成分。

2018 年中央农村工作会议对贯彻乡村振兴提出了八点要求：一是坚持加强和改善党对农村工作的领导，为"三农"发展提供坚强政治保障；二是坚持重中之重战略地位，切实把农业农村优先发展落到实处；三是坚持把推进农业供给侧结构性改革作为主线，加快推进农业农村现代化；四是坚持立足国内保障自给的方针，牢牢把握国家粮食安全主动权；五是坚持不断深化农村改革，激发农村发展新活力；六是坚持绿色生态导向，推动农业农村可持续发展；七是坚持保障和改善民生，让广大农民有更多的获得感；八是坚持遵循乡村发展规律，扎实推进美丽宜居乡村建设。这八点要求是对乡村振兴战略的落实，也是应遵循的原则。

无论是乡村振兴的规划还是举措，都体现出乡村振兴战略是一个内容全面的战略要求，是一个有机整体。《中共中央 国务院关于实施乡村振兴战略的意见》明确指出，产业兴旺是重点，这也是现代化经济体系建设的必然要求。产业兴旺之所以成为实现农业现代化的首要条件，关键在于它是农村内生和主动发展的重点。在新时代，乡村振兴战略要实现"城乡融合"理念就需要从原来附属和被动的发展地位转变为内生和主动的发展，这也是农民增收的重要途径。就农民增收而言，过去在以城市为主导的经济发展格局下，农民增收的主要途径不是靠农业农村的就业机会，例如，2014～2016年，农业净收入对农民增收的贡献只有14.7%，农民增收主要是靠到城市打工。在新型城镇化下，乡村产业兴旺就是要让剩下的农民在农村也能有好的就业和收入，从而实现农民增收的内生循环的长效机制。就农村发展而言，产业兴旺更是意味着实现农村发展的自我造血机能，产业兴旺可以带来农村社会、文化等方方面面的兴旺，从而为农村发展带来可持续的发展格局。

生态宜居是建设生态文明的重要组成部分。在地理上，农村占有最广阔的空间，居住着近一半的人口，农村的生态宜居搞好了，建设美丽中国的宏伟计划才能实现。在以往工业化和城市化过程中，环境污染也日益严重，这也不可避免地影响到农村。农村环境问题一方面是农药化肥污染问题，这方面的环境治理与发展现代绿色农业是结合在一起的。另一方面与城市废弃物和工业污染排放有关，这方面的环境治理是与美丽中国和健康中国的战略规划联系在一起的。生态宜居的农村不仅有利于农民的身心舒畅和农村的持续发展，与产业兴旺也是密切联系的。要加大农村的生态系统保护力度，加快农村的绿色产业发展，真正实现"绿水青山就是金山银山"。

乡风文明同样是中国乡村传统，也是文化建设的重要组成部分，仅有物质建设的乡村只是空壳，文化才是乡村的内在。乡风文明要继承和发扬中华传统优秀文化和区域特色非物质文化，并体现在乡村精神风貌中，这对乡村的产业兴旺也有重要的促进作用。要推动社会主义精神文明建设，移风易俗，弘扬时代新风，使农村成为精神蓬勃向上、人民安居乐业的社会主义新农村。

乡村振兴，治理有效是基础。治理有效是政治建设的重要内容，是国家治理能力和治理体系现代化的重要成分。党的十九大报告提出"健全自治、法治、德治相结合的乡村治理体系"，就是中国特色乡村治理体系的提纲挈领的提法。自治是基于农村社会地广人散的乡情，可顺应农村乡土风情，减少治理成本，也是社会主义民主政治在乡村基层的实践。法治是"四个全面"中全面推进依法治国在乡村治理中的贯彻，在坚持和完善党的领导下的依法治国，在乡村治理中不仅要维护法律的尊严，确保法律实施，更要坚持和完善党的领导。德治是基于乡村熟人半熟人社会，以传统文化习俗影响治理。道德风尚不仅包括传统习俗，更要在坚持和完善党的领导下提倡社会主义核心价值观。乡村工作治理有效不仅能促进乡风文明，更能通过乡村工作推动产业兴旺和生态文明。

产业兴旺、生态宜居、乡风文明、治理有效的社会主义新农村，生活富裕是顺理成章、水到渠成的结果。产业兴旺是生活富裕的物质保障，生态宜居是生活富裕的环境保障，乡风文明是生活富裕的文化保障，治理有效是生活富裕的政治保障。乡村振兴战略中的生活富裕，不仅指物质生活的富裕，还包括生态环境、文化精神、政治生活的富裕，是一种全面的富裕，是解放和发展生产力、实现共同富裕美好愿景的具体体现！

第一章 农业农村现代化的"潍坊模式"

小农户和大市场的对接不仅是中国面临的难题，也是广大发展中国家面临的普遍性问题。据世界银行统计，截至 2018 年，全球仍有 45% 的人口属于农村人口，而这些农民绝大多数分布在发展中国家；在现代世界经济中，农民处在边缘的位置上。他们一只脚站在市场内，另一只脚留在维生经济中，所以，农民既没有完全融入市场，也没有完全脱离市场压力。未来这一群体的生存和发展问题仍是各个国家需要着力解决的问题，其重点仍是小农户如何对接大市场。中国各个地区为解决这一问题进行了长时间的探索，不同地区发展出不同模式，农业农村现代化的"潍坊模式"就是其中之一，这一模式以农业产业化为核心，在产业链带动下，农村经济顺利进入市场经济大循环。

山东省潍坊市是农业产业化的发源地。农业产业化经营作为一种新的生产经营方式，诞生在中国从计划经济体制向市场经济体制转轨的 1992 年至 1993 年，并不是偶然的。它是农业和农村经济发展过程中农民单家独户的分散经营与大市场的矛盾日益突出，城乡关系、工农关系不协调，农业比较效益低、与其他产业利益分配不合理的矛盾更加尖锐，以及农业领域市场法规不配套、不完善等多种矛盾相互作用的必然结果，是潍坊市广大干部群众认真总结昌邑市龙型经济发展情况、诸城市贸工农一体化、寿光市依靠市场带动发展农村经济、寒亭区"一乡一业，一村一品"和高密市实行区域种养等做法和经验，总结、对比、借鉴日本农协、法国农业联合体、美国垂直一体化农业公司等管理现代化农业的先进经验，积极探索市场经济条件下农业发展新路子的必然结果。

习近平总书记在参加十三届全国人大一次会议山东代表团审议时指出，改革开放以来，山东创造了不少农村改革发展的经验，贸工农一体化、农业产业化经营就出自诸城、潍坊，形成了"诸城模式""潍坊模式""寿光模式"。① "潍坊模式"是潍坊人民在改革开放的伟大历程中，在党委政府的正确领导下，立足国情省情市情，不断实践创新，不断总结完善而形成的以推动城乡融合为目标，致力于农业全面升级、农村全面进步、农民全面发展的农业农村现代化道路和模式，完全符合实施乡村振兴战略的内在要求。新时代准确认识"潍坊模式"的深刻内涵，更好地发挥"潍坊模式"的经验引领作用，对于推进实施乡村振兴战略具有重大理论意义和实践意义。

第一节　"潍坊模式"形成演进的历史过程

党的十一届三中全会以来，从"包产到户"到"家庭联产承包责任制"，再到乡镇企业发展，潍坊和全国一样，农业和农村经济有了长足发展。但是，自20世纪90年代以来，在从计划经济向市场经济转轨时代，农民一家一户分散经营与大市场之间的矛盾越来越突出，一度出现比较严重的"菜贱伤农""粮贱伤农"现象，农业持续发展面临挑战。党的十四大明确提出建立社会主义市场经济体制后，山东省委要求潍坊市在总结提升诸城市商品经济大合唱、贸工农一体化做法基础上，按照建立社会主义市场经济体制的要求，率先探索更高层次的农业发展机制。

带着这个重大命题，潍坊市广泛调查研究、全面总结党的十一届三中全会以来农业农村经济发展历程，系统梳理诸城市贸工农一体化，寿光市靠市场带动农村经济，寒亭一村一品、一乡一业，安丘实施名牌战略，高密实施区域化种养等经验做法，学习借鉴了日本、法国、美国等国家农业发展先进理念。在通过总结、对比、借鉴之后，一致认为：要破解农村改革与发展中的深层次矛盾、解放农村生产力，必须靠产业化改造传统的自给半自给的农业和农村经济，使分散经营的农户与国内外大市场紧密衔接，

---

① 张少义：《寿光采访记：总书记点赞的"寿光模式"》，求是网，2019年4月30日。http：//www.qstheory.cn/laigao/ycjx/2019 - 04/30/c_1124438283.htm.

农村经济顺利进入市场经济大循环。1993 年 5 月，潍坊印发实施关于按照农业产业化要求进一步加强农村社会主义市场经济领导的意见；1994 年初，山东省委印发一号文件在全省推广潍坊农业产业化经验；1995 年底，人民日报发表社论《论农业产业化》并配发 3 篇述评，充分肯定了农业产业化思路和做法；2001 年 10 月，全国农业产业化现场经验交流会在潍坊召开，农业产业化在全国全面推行和实施。

农业产业化以"确立主导产业、实行区域布局、依靠龙头带动、发展规模经营"为主要内容，体现"生产力标准"的原则。潍坊市从调整生产关系入手，依靠深化改革，创新农业生产的组织形式、经营模式和运行机制，农业农村生产力极大释放。它的全面推行和实施把千家万户的农民与千变万化的市场紧密连接起来，促进了农村产业结构升级和资源优化配置，提高了农业比较效益，这一过程本质上是农业供给侧结构性改革的过程。

自 2002 年以来，潍坊市为更好地适应国内外市场和消费需求的变化，把推行农业标准化作为发展现代农业、提高农产品质量、增强农业核心竞争力的重要措施来抓，构建起了现代农业标准化体系。潍坊市先后收集整理了 61 项国家标准和 24 项进口国标准，制定并发布实施了 248 项地方农业标准规范，形成了比较完整的农业标准体系，而且全市建成无公害、绿色、有机食品基地 520 万亩，获得"三品"认证的农产品 1600 多个。瓜菜、果品、畜牧、水产品生产基地标准化率达 90% 以上。全市投资 2.2 亿元建成农业、畜牧、水产等三个市级检测中心，20 个县级检测站，120 处乡镇检测点，730 处企业、市场检测室，形成了市、县、乡、市场（基地、企业）四级农产品质量检测网络，农产品检测合格率达到 98% 以上。

关于现代农业建设。为深入推进现代农业建设，进一步打造潍坊农业品牌，潍坊市政府出台了《关于加快发展现代农业的意见》，潍坊市已经建成了上下联动、覆盖全市、快捷方便的农业"110"科技信息服务体系，建成国家和省级农业技术研发中心 14 处，同时全市还推行农村新型能源建设、新型农民培育以及大力发展农民专业合作组织等现代农业科技服务体系。全市正努力将潍坊打造成全国最大的优质农产品生产基地、全国最大的农产品加工基地，进而潍坊市农业科技创新能力将明显增强，一批具有自主知识产权的农业科技成果得以广泛应用。

关于现代农业标准化体系建设。按照高标准规划、高起点建设的要求，大力发展种植、养殖、加工等各类特色现代农业科技示范园区，形成了一批规模化种养基地、企业集群和加工园区。现代农业园区建设呈现出投资大、标准高、后劲足的特点。全市已建设各类现代农业示范园区912处，标准化生态养殖园区3539个；创建国家级蔬菜、水果标准化生产示范园区37处，国家级现代农业示范区2处，省级现代农业示范区3处，全国农业产业化示范基地2处，具有区域性特色的农副产品出口基地120多处。这些园区汇集了全国乃至发达国家的先进技术成果和高科技人才。现已建成全国第一个农业高科技示范园——寿光蔬菜高科技示范园，全省第一个农业国家级企业技术中心——诸城外贸国家级企业技术中心，全省第一个农业高新技术企业——潍坊华裕实业有限公司，拥有最多的省级农业科技示范园。寿光蔬菜高科技示范园被国家批准设立了博士后流动站，并与中国农业大学合作在寿光建立了中国农业种子研究院。2012年，潍坊（寿光）省级农业高新技术产业示范区获得山东省政府正式批复，与滨州、东营并称为"全国农业现代化的三朵金花"。

农业产业化引领了中国农业发展20多年，农业产业化形成的理论成果和制度成果成为指导我国农业和农村经济发展的重要依据，经过多年的实践、探索、提升，农业产业化已经成为中国特色农业现代化道路的重要内容。

第二节　新时代"潍坊模式"的实践

习近平总书记在山东考察时指出，农业大省的责任首先是维护国家粮食安全。要把粮食生产抓紧抓好，把农业结构调活调优，把农民增收夯实夯牢，把脱贫攻坚战打好打赢，扎实实施乡村振兴战略，打造乡村振兴的齐鲁样板。进入中国特色社会主义新时代，潍坊市以农业产业化为核心，采取了一系列相关举措，大大增加了农民收入，在实践"潍坊模式"的同时，也对其做了更好的诠释。总体来看，潍坊市以全国 1.7‰ 的土地、1‰ 的淡水，产出了全国 7.2‰ 的粮食、15.7‰ 的蔬菜、12.7‰ 的花生、6‰ 的水果、19‰ 的农产品出口额；500 多种农副产品及加工产品出口全球 120 多个国家和地区，其中蔬菜和畜牧产业出口创汇分别占全国的 1/18、1/8，东亚畜牧交易所、中美农业创新中心等重大开放创新平台也已建成运营。

一、培养新型农业经营主体、发展规模经济

具体来看，农业产业化经营面临的一项突出问题是土地碎片化经营。家庭联产承包责任制解决了土地经营的激励问题，但是也带来了新的问题，即家庭分散经营，规模过小，难以形成规模经济。与长三角等一些地区相比，潍坊市在徒留流转改革方面存在一定问题。2012 年，苏州、宁波、嘉兴等地土地流转面积普遍占到总量的 60%～80%，而潍坊市仅为 30% 左右。由于土地流转慢，规模经营难开展，一些先进的农业技术装备和标准化生产手段难以推广，影响了现代农业发展进程。为了缓解这一问题，潍坊市大力培育新型农业经营主体，通过壮大发展龙头企业，带动农业的规模发展。

新型农业经营主体的崛起缓解了农地经营碎片化的问题，带来了规模效益，这是农民增收的重要条件。2017 年全市土地流转面积占比达 41.8%、土地经营规模化率达到 60% 以上，关于流转的规模和形式，以安丘市为例，土地流转 59 万亩，流转率 51%。其中流转入农户的 28.9 万亩，流转入合作社的 9.8 万亩，流转入企业的 12 万亩，流转入其他主体的 5.4 万亩。流转 50～200 亩的经营户 309 个，流转 200～500 亩的经营户 31 个，流转 500～1000 亩的经营户 6 个，流转 1000 亩以上的经营户 2 个。其中以出租土地方式流转的占总流转面积的 81.86%，转让的占 2.98%，互换的占 10.45%，股份合作的占 2.49%，其他 2.22%。参加土地流转合作社的人员数量 5 万户，参与率为 21.7%。

二、打造品牌企业，注重成果转化

在发展农业龙头企业方面，虽然潍坊农业虽然名气大，但从农民到企

业、从政府到社会，对农业品牌价值认识上还不到位，普遍存在重生产、轻宣传的现象；潍坊的农业龙头企业虽然数量较多，但低水平同质化竞争比较严重，巨型企业缺乏、大型企业偏少。

进入中国特色社会主义新时代，潍坊市委市政府积极落实党中央、国务院关于农业科技成果转化、农业品牌建设等方面的文件，积极健全和完善科技成果转化政策，结合自身优势资源，打造高知名度的龙头企业。如今，潍坊市拥有 13 家进入全国农业龙头企业 500 强的企业，农业龙头企业发展到 3100 家、数量居山东省之首，2019 年销售收入达 500 万元以上农业龙头企业数量多达一千多家；国家级现代农业规模化园区达到 23 个；全市田园综合体达到 30 个以上；全市休闲农业经营主体发展到 1866 家，其中省级田园综合体 5 家，市级田园综合体 20 家，休闲合作社 65 家，休闲观光家庭农场 83 家，农家乐 962 个，建成省级以上休闲农业示范点 25 处、示范县 5 个。

三、搭建公共服务平台、集聚发展资源

农业产业化经营需要配套的社会化服务，潍坊市围绕解决农业经营的社会化服务难题，按照主体多元化、服务专业化、运行市场化的思路，扶持发展各类新型农业社会化服务组织 500 多个，建成 110 处为农服务中心。关于产权交易中心，全国首家省级农村产权交易平台齐鲁农村产权交易中心建成运行，在全国率先完成农村信用社股份制银行化改革，创新农村产权抵押融资模式，累计支持农户超过 23 万户、发放贷款 300 多亿元。关于高素质农民的培训工作，围绕为农业持续健康发展提供坚实人力基础和保障，全面强化职业农业教育，构建专业农民队伍，成立潍坊职业农民学院，有省级专业农民实训基地 35 家，位列山东省第 1 位。关于种苗研发，全市从事种子研发企业达到 19 家，占全省的 60%，国产蔬菜品种市场占有率达 80%，育苗企业达到 260 多家，培育新品种 188 个，育苗能力达 17 亿株以上。2017 年，潍坊市良种贡献效益 480 亿元，良种贡献率达到 47%。北京大学现代农业研究院已正式落户，有国家级农业科技园区 2 家、省级以上农

业工程技术研究中心 18 家，与全国 100 多家农业科研院所建立了稳定的科技协作关系。

在推进产业融合发展的过程中，潍坊市也注重对公共平台的打造，通过统筹规划，引导区域合作，减少同质竞争现象，推动集聚集群发展和区域品牌打造。如寿光市引导蔬菜高科技示范园、现代农业示范区、西外环生态农业观光走廊、双王城市国际生态农场等联合打造生态观光旅游线路，成为发展乡村旅游的靓丽名片。潍坊市积极加强农村产业融合的公共平台建设，增强对农业产业化组织推进农村产业融合的辐射带动力，拉动农村产业融合节本增效和提质降险，提升其品牌形象。通过政府搭台、企业唱戏等方式，潍坊市已打造寿光菜博会、青州花博会、昌邑绿博会三大农业会展，带动农业产业化组织创新产业发展理念和组织方式，更好地对接现代科技和高端市场、特色市场、要素市场。由潍坊市人民政府、寿光市人民政府等承办的寿光菜博会，已成为国内唯一的国际性蔬菜专业展会。潍坊市政府还积极扶持龙头企业参加国际国内农产品展会，发挥服务业对农业转型升级的拉动作用。经山东省政府批准建立的齐鲁农村产权交易中心已在潍坊市域形成了市、县、乡三级交易服务网络，成立了 4 家省内分中心和 8 个省外工作站，具备了面向省内外提供产权交易、抵押融资、政策咨询等一站式服务的能力，为吸引优质资源和要素进入农村产业领域提供了良好的平台。

潍坊市还积极推进农村产业融合服务体系的改革创新，为科技、资金、人才等要素加快进入农村产业融合提供通道。如该市在全省率先开展了土地经营权和蔬菜大棚抵押贷款试点，为解决农村产业融合的融资难问题探索新路。安丘市在加强基层农技推广体系建设的同时，积极整合市、镇、村三级农技力量，形成"专家组＋试验示范基地＋农技人员＋科技示范户＋辐射带动农户"五位一体的科技推广模式，带动农民培训的有效展开。根据农民的职业需求，潍坊市开展了生产经营型、专业技能型、社会服务型 3 类有针对性的新型职业农民培训。自 2014 年到 2016 年 8 月，已培训新型职业农民 6000 余人，组织认定新型职业农民 900 余人，包括现代青年农场主 40 人。新型职业农民培训，为推进农村产业融合提供了良好的后备企业家队伍。

第三节 "潍坊模式"的经验和内涵

总结"潍坊模式"的成果经验和内涵中的一般经济规律及政府治理能力的具体指标，能够为其他面临类似经济压力和治理问题的地区提供更好的指导。与以苏南模式为代表的长江三角地区和以珠江模式为代表的珠三角地区比较，"潍坊模式"具有内生性发展突出的特点，缺乏独特的资源禀赋和明显的区位优势，依靠农业完成现代化的起飞。因此，"潍坊模式"内生性特点更为突出，主要依靠自身资源，通过体制机制的创新，实现了迭代计划，这是"潍坊模式"非常重要的特点。

一、实现一二三产业融合发展以及小农户与大市场的对接

党的十九大报告指出："实现小农户和现代农业发展有机衔接"，切中了乡村发展问题的要害。一方面，小农户经营在我国人地关系高度紧张的国情下有天然的合理性。实践证明，在当前普遍较为粗放的生产经营方式和低下的管理水平下，较大规模经营几乎无法做到土地产出率、资源利用率和劳动生产率同步提高，往往导致单产下降，浪费宝贵耕地资源。而"半耕半工"的家庭生计模式，在解决农村中老年人就业的同时，充分发挥精耕细作的传统农业优势，在保障粮食安全方面作用巨大。因此不能在观念上将小农户和新型经营主体对立起来，贴上绝对的"落后"与"先进"的标签，必须立足中国国情，走中国特色的现代化农业道路。另一方面，土地流转水平其实是城镇化水平在农村土地上的投影，换言之，有多少农村人口永久离开土地进入城市生活，决定了农村土地流转水平。因此，提高农村土地流转水平、实现农业规模经营，不是一厢情愿的事情，而决定于城镇化水平这一基本约束条件。我们必须以大力发展各种新型经营主体、实施多种创新形式，缓解小农户经营导致的土地细碎化带来的一系列问题，但是也必须以城乡人口结构、农村人地关系结构，作为建立政策体系的依

据和出发点。

鉴于上述两方面的现实可以发现,一方面,通过一二三产业融合的方式延长农业生产链,增加农业附加值,推动乡村经济的多元化发展是解决小农户无法很好地融入大市场问题的一条路径。具体而言,乡村经济多元化发展,将经济发展的新理念、新元素引入乡村建设全过程,改变农业内部三次产业相互割裂状态,有效促进农业多元功能的深度融合,激活乡村各类生产要素资源,提高乡村产业综合实力,促进农村产业结构调整优化,降低农业生产经营成本,提升农业生产经营效益,增强农民及各类参与者在农业产业链中的获利能力,并可吸纳大量城乡劳动力就业。以农业为基础的乡村经济蕴藏丰富的文化资源,农耕民族勤劳、质朴的优良传统在乡村建设中能够充分体现,对科学人生观、价值观和世界观的形成具有积极作用,而且人与自然的和谐相处还会为农业的可持续发展和生态环境的改善奠定基础。乡村经济各功能之间相互关联、相互依赖、相互促进,共同构建了一个有机整体,乡村经济繁荣与发展对整个社会的政治、经济、文化和生态具有重要基础支撑作用。农业多功能开发涌现了众多创意农业,进一步衍生全新的乡村生产、生活需求空间。农业供给侧结构性改革将信息技术、基因技术、智能技术等高科技成果广泛运用于农业生产,有利于完善农业产业结构,优化乡村产业布局,拓展农业产业链纵向延伸,创新乡村新兴产业、新兴业态,推动农业部门向现代产业部门转变。

另一方面,进一步完善农业社会化服务体系,通过平衡新型经营主体和小农户的关系,减少小农户与规模化经营之间的冲突,使之更好地适应市场竞争环境。推进一二三产业融合,能吸引多元化的投资主体,打破乡村经济在信息供需方面的不对称,能够激发农民作为经济主体的发展活力。但是小农户在资金规模、土堆规模等方面与种养大户、家庭农场、农业合作社、龙头企业等无法抗衡,因此,一二三产业融合的关键在于建立利益联结机制。要坚持"基在农业、惠在农村、利在农民"的原则,以延长产业链、提升价值链、完善利益链为关键,以农民合理分享全产业链增值收益、持续增进农民福祉为核心,建立健全紧密型利益联结机制,引导一二三产业融合主体之间及其与小农户之间紧密合作,形成风险共担、互惠共赢、包容互促的紧密型经济共同体、利益共同体和命运共同体关于一些落实举措，设计制定更加符合小农户利益的国家支农资金投放方式，建立能够更好回应小农户需求的政策供给模式，建立更加符合实际的小农户与国家政策的承接对接机制，这样才能真正实现小农户与现代农业的有机衔接，这是实施乡村振兴战略的关键性问题。

二、实现资源禀赋引致的内生性发展

与以"苏南模式"为代表的长三角地区和以"珠江模式"为代表的珠三角地区比较，在缺乏独特资源禀赋、明显区位优势和特殊政策扶持的情况下，潍坊依靠农业完成了现代化的起飞阶段。

长三角地区的现代化过程强烈依赖于上海在产业升级过程中的"产业外溢"，早在20世纪80年代就有"星期日工程师"现象，国营企业的技术人员和销售人员利用业余时间为乡镇企业和私营企业服务，国营企业长期积累的技术、工艺、材料、设备以及销售渠道网络的转移为这一经济区域的发展提供了巨大动力。珠三角地区的发展初始阶段依赖于"三来一补"产业形式，依托与香港结成的"前店后厂"模式，在较短时间内解决了剩余劳动力问题，积累了资金、技术、管理经验，掌握了市场网络，为此后的发展奠定了非常好的基础。"潍坊模式"的内生性特点更加突出，几乎是完全依赖自身的资源，通过体制机制创新实现了产业的迭代进化。潍坊根据各个县市区的土地、水等资源禀赋的特征，考虑到各个地区的地理位置，制定了不同的农业发展战略，形成了多样化的农业经营模式，例如，诸城市自20世纪80年代以来，着力推进贸工农一体化，有效解决农副产品产销脱节矛盾，形成产供销一条龙的新型经济运行机制，搭建起"小生产""大市场"对接的桥梁。改革开放以来，寿光市则以蔬菜产业化引领农业与非农产业协调发展，带动农民富裕、城乡融合、农村城镇化。充分利用自身资源禀赋的内生性的发展模式为其他国家和地区提供了一定启示。

一个地区发展战略的升级，要求推动社会资源禀赋结构的升级。资源禀赋结构的升级主要通过技术创新和制度创新来实现。然而，技术创新和制度创新需要条件，其中，激励结构和社会内生能力是推动技术创新和制度创新的两个关键变量。在缺少创新的激励结构或者社会内生能力的条件下，仍然可以通过从外部引进技术实施地区发展战略。但是，从外部引进技术实现发展战略，如果不能通过激励结构的设计，激活地方社会内生能力，那么，这种发展不可持续。因此，一个地区发展战略的升级需要通过激励结构的设计与调整，激活、开发和持续维护社会的内生能力。

需要指出的是，激励结构与内生能力并非总是同向的。激励结构既能够抑制社会的内生能力，也能够激活社会的内生能力。激励结构抑制社会的内生能力，这种发展属于外生性发展或行政驱动的发展；激励结构激活或推动社会内生能力，这种发展属于内生性发展，"潍坊模式"显然属于后者。

"潍坊模式"的成果也说明，乡村振兴并不意味着所有的农村都能振兴。实际上，工业化城市化之后，社会生产、生活、文化等功能从乡村转移到城市，城市繁荣往往以乡村衰退为代价。繁荣与衰退由资源禀赋结构来决定，在资源禀赋及其结构未得到升级的乡村，即使有科学的规划和巨大的投入，依然不能保证它的振兴，这是长期以来社会生活的基本事实。能够复兴的乡村必须确保资源禀赋结构的持续升级，能够秉承创新、协调、绿色、开放、共享的发展理念，以人民为圆心，利用市场和政府的半径，为乡村振兴划出更大的圆。乡村的振兴离不开市场，在市场经济中乡村必须提供市场需要的服务或产品，实现城乡人口、产业、人才等市场要素的双向流动。乡村的内生发展要求也要求转变政府领导的方式，行政命令的方式已经难以奏效，乡村振兴需要催化型领导，来推动多元主体之间的合作，旨在促成多元主体在沟通、信任、承诺、理解和成果之间形成一个良性循环。

三、在党的领导下实现农户与市场共建

党的领导力量的介入和参与，在一定程度上解决了小农户与市场的连接问题，也解决了小农户的组织化问题，将政府信誉注入潍坊农业产业化

过程中，在克服"市场失灵"方面作用巨大，较好地体现了中央"更好发挥政府作用和发挥市场在资源配置中的决定性作用"的要求。潍坊农业产业化的发展过程，始终是与基层党委政府的积极作为紧密联系的。在 20 世纪 90 年代，被学术界称为"逼民致富"的农业产业结构调整成为潍坊农业实现一二三产业融合的重要历史条件，也是党的领导下，农户与市场共建的成功实践。这种实践要求正确处理政府与市场、政府与农户的关系。

一方面，处理好政府与市场的关系。20 世纪 80 年代人民公社的废止、乡政府的建立，打破了原有的生产大队政经一体化的制度。但是，政经分离并不彻底，乡镇基层政府对农村社区经济干预并没有停止，导致政府职能不断外溢。为此，应规范政府行为，限定政府的权力，界定政府与市场的边界，发挥农村经济体自身力量，实现政经分离。农村经济共同体应按照市场规律运作，减少政府直接干预，政府不能把属于自己的职责摊派给经济组织，要充分体现"民办、民管、民营、民受益"原则，淡化"行政色彩"，避免走"政经合一"的老路。但政府也不是无所作为，应为农村经济共同体提供政策支持和公共服务，保护处于弱势的农村经济体免受市场侵害，为经济组织的成立壮大、为市场组织和社会组织行使社会职能创造条件。

另一方面，处理好党组织与农户的关系。新型农民合作经济组织成员中党员人数的增加需要成立党组织。随着新型农民合作经济组织的增多，规模和人数的扩大，加入新型农民合作经济组织的党员人数也在增加，为了能够更好地开展党组织生活，发挥党员的模范带头作用，客观上要求成立合作经济组织内部的党组织。而新型农民合作经济组织党组织和村党组织之间存在着合作与冲突的关系。新型农民合作经济组织内部党组织的成立，对村党组织产生一定的影响，这种影响表现为在一个空间（村组）内并行存在两个党组织。从党的组织规定来讲，这两个党组织之间是平行的关系，工作上互相支持，经验上相互交流，组织上同归上级党委的领导。但实际上，由于农民合作经济组织和村组织在具体的职责、利益和行为价值取向等方面存在着差别，两个党组织之间在党员归属、党员流动、乡村选举、村务公开等方面势必存在着矛盾和冲突，其中突出的表现就是新型农民合作经济组织内部党组织对村党组织构成了挑战。按照《中华人民共和国村委会组织法》的规定，村党组织是村各项事业法定的领导核心，是乡村治理的政治领导主体，所属村组的党员都应该属于村党组织，其组织关系、政治活动也应该在村党组织内部进行。但是，新型农民合作经济组织是一个群众性的组织，其内部党组织少了行政化的色彩，党组织能够真正按照民主集中制的原则开展活动，能把党组织的活动与合作经济组织的业务、成员的利益有机统一起来，真正代表合作经济组织成员根本利益，从而更加团结、更富有战斗力和吸引力。

如今的部分新型农业经营主体也是由村党支部领办的。部分地区积极推行"党支部＋土地流转＋村企联建＋红色旅游"的运营机制，实现村集体、企业、合作社、农户四方共赢。例如，寒亭前阙庄村党支部领办东篱田园综合体，发展"前阙红谷"系列旅游项目，成功打造了集农业生产、乡村旅游、休闲体验于一体的综合性红色旅游平台。

四、实现了公共服务均等化、助推良性城乡关系的建设

潍坊市具有大城市与大农村并存，大工业与大农业并存，城镇化与逆城镇化并举的特征。之所以形成这些特征，与长期以来促进公共服务均等化的一系列举措是分不开的。一是财政支出逐渐向民生倾斜，民生支出占公共财政预算支出的比例由 2012 年的 56.1% 上升至 2018 年的 80% 以上，这些支出主要用于教育、文化体育、就业和社会保障、医疗卫生、强农惠农等方面。二是逐渐构建学校建设标准统一、基本设施配置统一、教师编制标准统一、生均公用经费标准统一等城乡教育一体化的制度；构建城乡一体化的养老制度，使城乡居民享受同样的养老待遇，并逐年提高居民养老金发放标准；整合城乡医疗保险，提高报销比例，最高可达 96.5%，大大减轻了城乡居民的医疗负担；始于 2005 年的城乡环境综合整治，从 2009 年开始在中心城区试点后全面推开，近些年来更是把城乡环卫一体化作为统筹城乡发展、建设美丽乡村的重要举措，打破了城乡环卫"两元"格局，为居民提供了良好的居住环境。上述一系列公共服务均等化的措施助推了

良好的城乡关系结构，使得城乡融合体制机制初步实现。

基本公共服务均等化是城乡一体化发展的主要内容，也是实现一体化发展的关键环节，其重要作用主要体现在三个方面。

首先，基本公共服务均等化是缓解矛盾、缩小城乡差距的重要手段。当前我国农村公共服务供需矛盾日益凸显。供给方面，由于公共服务范围的不明晰和政府职能缺位，农村教育、医疗和社会保障等基本公共服务和公共产品供给严重不足，与农村日益增长的基本公共服务需求之间的矛盾日益凸显。分配方面，由于经济社会二元结构的长期存在，基本公共服务供给大多向发达地区倾斜，导致农村公共服务水平远低于城市，城乡之间、区域之间以及不同人群之间的基本公共服务存在较大差距。唯有加快推进城乡公共服务均等化，才能改变长期以来自给自足的短缺性公共服务供给方式，让农村居民摆脱因病、因缺乏教育致贫的困境，让农村经济焕发活力，从根本上改变农村落后的局面，缩小城乡差距。

其次，基本公共服务均等化是保障农民基本权利的重要基础。城乡一体化的重要目标之一是实现农民的公平发展，其实质就是承认和保障农民的自身发展权益。对政府而言，保证全体居民享有公平的生存与发展机会是政府基本义务，政府理应保证每个居民享有基本生存权利。实行基本公共服务均等化将是守住农村享受基本公共服务的机会均等底线，保障农民基本权益的结果均等的关键举措。

最后，基本公共服务均等化是实现经济发展的重要保证。农村的潜在投资和消费需求对于保证经济持续快速发展具有重要作用。长期以来不断扩大的城乡差距、供给严重短缺的农村公共服务压制了农民的消费能力和欲望，限制了农村市场对刺激经济作用的发挥，因此，加快推进基本公共服务均等化能够为农村居民提供生存和发展保障，有效改善消费预期，释放消费需求，为经济发展提供强劲的内需动力。

五、搭建了"离土不离乡"的完善乡村治理体系

乡村振兴，关键在人。从吸引人才返乡和培育本地人才两端发力，为

构建"自治、德治、法治"相结合的乡村社会治理体系提供人才支撑。实践证明，资本下乡这种"资合"方式不可避免地具有社会成本高昂和"道德风险"等问题，资本逐利和流动的基本特点也在切割农村原有社会关系结构，容易引发农村社会治理中一系列问题。考虑到这一点，在吸引人才返乡时，政策导向要从鼓励"资本下乡"逐渐转向大力支持外出农民返乡创业，扎实开展好正在进行的"结合新型城镇化开展支持农民工等人员返乡创业试点"，推动建立城乡相互吸纳机制和城乡精英循环机制。外出农民返乡创业，可以将他们多年积累的经济资本、社会资本、管理经验与乡土资源、信任关系很好结合，将经营成本、道德风险降到最低，实现地缘、血缘、业缘纽带的充分联结，实现"资合"与"人合"的内在统一，实现企业与农村社区的高度融合，同时很好地发挥农村精英的"组织员"功能，有利于实现十九大报告提出的"健全自治、法治、德治相结合的乡村治理体系"目标。

工业化和城市化提高了居民生活水平和公共服务条件，但是也带来了两个问题：一是将大量劳动力吸纳到城市，但这些人无法同当地居民享受同样的公共服务；二是造成了农村"留守"问题。"潍坊模式"则恰恰造就了各具特色的发达县域经济，减少甚至杜绝了这两个问题的产生。通过县域经济吸纳了大量的农村劳动人口，80%以上农村转移劳动力可以不出县实现就业；通过开设培训班等方式提供农民种植养殖水平，提高农业的技术含量，从而增加农民的收入。这两种举措为当地发展培育了人才，促成了"离土不离乡"的生产和生活方式。进而保留住农村传统社会的结构功能，促使传统社会治理资源作用的发挥，最终形成"自治、德治、法治"相结合的乡村社会治理体系。

乡村振兴战略充分肯定了农民的主体地位和治理潜力，强调作为治理主体的农民群体在自治、法治、德治相结合的乡村治理中可以大有作为，这为村民自治的主体优化、塑造精英型农民群体创设了良好的外部条件。

要充分发挥乡村精英群体的重要作用。村民群体中的一小部分属于场域中的精英分子，包括体制内干部及经济能人、社会能人等体制外精英。生于斯长于斯的村庄精英不仅能力较强、资源较多，而且深谙乡土规则，对乡村有感情，具有一定的凝聚力和感召力。应出台具体措施，鼓励乡村精英在村民自治中发挥积极引领作用。在"空心化"背景下，相当数量的村民外出务工或经商，农村人才和资本的外流对村民自治造成极大困扰，当前要通过有力措施吸引外出精英返乡，以充实和优化村民自治主体队伍。

要引导广大普通村民向精英型村民角色过渡。通过宣传和培训，帮助村民了解国家关于农村工作的政策及战略部署，开阔视野，转变观念，强化其自身的主人翁意识、权利意识、参与意识，培养公共精神与素养，提升其参与乡村公共事务治理的能力。注重培养和强化村民的法治精神、参与意识。同时，要提升农民的监督能力，建立健全村庄公共权力运行的监督机制，规范公共权力运行。注重农民市场意识与生产技术技能的培训，把农民塑造成为新时代乡村振兴的主角，进而成为基层民主政治完善中的主体。

"潍坊模式"是中国特色农业农村现代化道路的鲜明体现，是"中国道路"的组成部分，也是增强"四个自信"的重要来源。在实践中，不但对打造乡村振兴战略齐鲁样板、对国内欠发达地区农业农村发展有很强的指导作用，而且对落后的发展中国家有着较大的借鉴价值，具有很强的国际意义。在理论上，从一个落后经济体，依靠党的领导和地方政府的积极作为、强力推动，主要发挥内生性力量，通过体制机制创新，迅速成为较发达经济体，"潍坊模式"及其形成过程具有典型的发展经济学意义，也是构建中国特色社会主义政治经济学理论体系的重要实践依据和灵感来源。

▶ 案例 1.1

寿光市乡村振兴工作开展情况

寿光市是著名的"中国蔬菜之乡"，先后荣获"全国文明城市""国家生态园林城市""国家卫生城市""国家环保模范城市"等荣誉称号。进入新时代，寿光市继续开展乡村振兴实践探索，不断赋予"寿光模式"新内涵，对于打造新时代乡村振兴的齐鲁样板和农业农村现代化的全国表率具有重要意义。其发展成就和相关举措如下。

（一）以科学规划为引领，明晰乡村振兴路径，把实施乡村振兴战略摆在优先位置，高点定位、统筹谋划，举全市之力加快推进

一是坚持规划先行。聘请山东省社科院编制了《寿光市乡村振兴战略规划（2018—2022年)》，聘请山东建筑大学建筑规划设计院编制了《寿光市域村庄建设规划》。二是强化工作合力。2018年，成立了乡村振兴战略工作领导小组和工作指挥部，从镇街区、部门单位抽调了8名业务骨干，组建了专门协调推进办公室，具体负责乡村振兴战略的督导、推进、考核等工作。同时，为提高乡村振兴战略科学决策水平，组建了寿光市乡村振兴战略专家咨询委员会，从事关乡村振兴的18个领域聘请行业专家、特邀专家100多名，为乡村振兴提供智力支撑。在寿光市委十四届五次全体（扩大）会议上就潍坊市读书交流会精神进行进一步传达和贯彻落实，会上邀请专家授课，介绍浙江省乡村振兴的历程、经验；"五个振兴"牵头市领导、镇街区、重点部门做会议发言，掀起开展乡村振兴的思想大讨论。三是严明督导考核。2018年初，制定出台了《2018年乡村振兴战略工作要点》和《三年行动计划》，并在新制定的综合考核办法中，对乡村振兴战略进行单独考核，以考核的导向作用，推动政策、资源、工作力量向乡村倾斜。

（二）以重点支撑项目为带动，积蓄乡村振兴后劲

坚持以项目为中心组织实施乡村振兴战略，围绕"2221"工程建设要求，筛选确定了大宗蔬菜电子交易平台、寿光市现代农业高新技术集成示范区二期等3批50个、总投资480多亿元的重点项目；在加快推进前三批重点项目的同时，筛选梳理第四批乡村振兴战略重点项目，由市级领导包靠，每月进行督导调度，加快项目推进。以项目建设带动乡村振兴。一是加快推进特色小镇建设。坚持突出重点、特色发展，羊口镇成功创建为潍坊唯一的国家级特色小镇，侯镇智能家居小镇创建为省级特色小镇。2018年，又规划建设了中国蔬菜小镇、古城番茄小镇、弥水电商小镇等一批特色小镇，并对台头防水智造小镇、上口窗艺时尚小镇进行重点打造，已完成规划编制工作，争取两年内扎起框架，三年初具规模，五年大见成效，建成产业链条完整、城镇功能完善的特色产业镇。二是加快推进农村新型社区建设。坚持因地制宜、量力而行，根据各村不同实际，采取了土地挂

钩、棚户区改造、引进社会资本等不同形式的农村新型社区建设模式，建成、在建农村新型社区95个。突出抓好12个农村新型示范社区创建工作，进一步完善基础设施建设和公共服务配套，探索农村新型社区管理新路子，真正让农村居民过上和城里人一样的生活。三是加快推进美丽乡村建设。持续推进"五化""七改"工程，寿光市省定B级以上标准美丽乡村覆盖率达到73%，位列潍坊市第一。2018年，继续加大投入力度，全面实施标准化提升工程，在全市筛选确定100个后进村进行重点打造，力争年内80%以上的村达到省定B级以上标准。同时，加快建设文化菜乡、产业菜乡、绿色菜乡、生态菜乡等特色精品路线建设，突出抓好总投资20亿元的弥河综合治理工程，对两岸环境重点整治，合理布局田园综合体、观光旅游、文化创意、健康养老等新兴产业，把弥河打造成寿光的生态轴、文化轴、景观轴、经济轴，成为乡村振兴的隆起带。

（三）以发展高品质农业为方向，提升乡村振兴质效

坚决落实习近平总书记"推进农业由增产导向转向提质导向"的重要指示，全力推动蔬菜产业向高品质发展。一是打造产地环境改良示范区。持续深入实施"沃土工程"，已推广微喷、滴灌等水肥一体化技术15.1万亩，亩均节水、节肥30%～50%，减少农药使用量15%～30%；改良土壤面积28万亩，土壤有机质由1.56%提高到1.8%以上，每年减少化肥使用量2500吨以上。2018年，聘请中科院、中国农科院等院所专家，对土壤状况进行精准把脉会诊，争取用3年时间把土壤再改良一遍。同时，制定出台政策，加快推广水肥一体化，年内完成推广面积5万亩。大力发展生态循环农业，结合畜禽粪污资源化利用整县推进项目，在市级层面和镇街区合理布局一批1000立方米以上的大型沼气示范工程；与中国农科院植保所合作，推广使用高碳有机肥、生物防治、物理防治绿色防控技术，建立农业产业准入负面清单，力争年内实现农药用量、化肥使用量和农业用水总量三个"零增长"，创建成为全国土壤改良示范区。二是打造高端蔬菜品牌集聚区。大力实施"品牌兴农"战略，与中国农大、农科院合作编制了高品质蔬菜产业规划，布局建设了一批高品质蔬菜生产示范园区，同时鼓励每个镇街区发展一处100亩以上的特色种植园区，扶持一个优质优价的高端蔬菜品

牌，以单品突破带动高端蔬菜发展，重点抓好中国（寿光）蔬菜科技创新研发聚集区规划建设，打造集科研、研发、展示、成果转化等多种功能于一体的农业综合园区（中国农业大学、中国农科院蔬菜花卉所、植保所已达成落户意向）。继续设立品牌发展扶持资金，制定品牌准入标准，加快"寿光蔬菜"区域公用品牌推介和宣传推广力度，打造高品质、有口碑的蔬菜"金字招牌"，实现优质优价。三是打造技术标准输出核心区。以全国蔬菜质量标准中心落户寿光为契机，成立蔬菜质量标准化产业联盟。已初步制定出设施蔬菜种植标准、种苗行业标准以及寿光蔬菜操作规范。举办蔬菜质量标准高峰论坛，邀请相关领导、专家，进一步把脉蔬菜产业标准规范。总结集成水肥一体化、智能温控等产业智慧化经验，与中国质量认证中心合作，制定全国蔬菜质量准则，力争把寿光打造成为全国设施农业的标准输出中心。

（四）以社会综合治理为抓手，筑牢乡村振兴基础

针对农村存在的财务管理混乱、集体尾欠、合同纠纷等问题，坚持问题导向，从 2018 年 3 月 17 日开始，选取纪台镇为试点，集中部署开展了为期一年的农村综合治理，在 15 个镇街区全面铺开。具体工作中，探索推行党建综治一体化工作模式，始终坚持党委主导、上下联动，坚持全面排查、彻底清理，坚持全民参与、分类施治，坚持标本兼治、立足长远，市镇村三级同心同向、密切配合，破解了遗留问题、理顺了农村关系，成效明显：一批制约乡村发展的历史遗留问题基本清零。坚持"一村一策、一事一案"，问题全面排查，逐一销号解决，下决心把农村矛盾隐患彻底清出来、把遗留难题从根上治过来。截至 2018 年 7 月，累计清理各类尾欠 1.45 亿元，收取社会抚养费 7839 万元，拆除违法建筑 5865 处，清理多占宅基地 9872 处，227 个村进行了缺地人口找补，分配资金 3094 万元，975 个村全部实现农业用电规范化管理。

一批影响极坏的霸痞分子得到了彻底整治。对村内寻衅滋事、缠访闹访的顽固分子坚持"零容忍"，出重拳打击。先后刑事拘留 207 人，治安拘留 163 人，司法拘留 21 人，依法约谈违纪党员 249 人，化解信访问题 290 件，打击了歪风，树立了正气，营造了正气充盈的基层社会生态。

一批科学规范的管理机制全面建立起来。以完善村规民约为核心，将关系群众切身利益的事项全部纳入制度化、规范化体系。帮助村级制定完善民主决策、监督管理等各类制度728项6426条，清理清查各类账目2.5万余宗，完善各种经济合同1.5万份。注重构建长效机制，围绕矛盾纠纷调处、农村土地管理、村集体"三资"管理等工作，编制农村综合治理工作制度汇编，把工作中的一些好经验、好做法通过制度固定下来，实现靠制度管人理事。

一批村级党组织战斗力全面提升。农村社会综合治理既是检验能力又是锻炼队伍的过程。治理过程中，各村党组织统筹协调，广大党员冲锋在前，在综合治理攻坚战中发挥了先锋模范作用，为实现组织振兴奠定了坚实基础。特别是通过综合整治，激活了村内资源，拓宽了村集体增收新渠道。

（五）以改革创新为引擎，激发乡村振兴活力

坚持以改革的办法、创新的思维，探索运用了一批务实管用的机制办法助力乡村振兴。一是探索市场化的资金投入模式。乡村振兴最大的瓶颈在于资金，因此应注重发挥市场主导作用，扩宽融资渠道。2018年5月，举办2018"现代农业＋资本助力乡村振兴战略"对接会暨创新金融聚集区启动发布会，签订了乡村振兴、新旧动能转换、供应链金融等35亿元的项目基金，与农发行签订了50亿元的乡村振兴战略合作协议，5个涉农融资项目与银行达成34.6亿元授信协议意向，2亿元的美丽乡村建设基金已筹集到位，继续筹划设立10亿元的乡村振兴基金，为乡村振兴提供强力金融支撑。二是探索制定优惠政策吸引人才。紧紧围绕"抓人才就是抓发展"的理念，深入实施"双百计划""桑梓人才计划"，采取建立高端人才"绿卡"、设立现代农业领军人才专项编制等办法，引导青年一代回乡创业，特别是按照"领军人才＋创新团队＋优质项目"模式，在《人民日报》《人民日报海外版》发布了公告，面向全球引进农业高层次人才。引进专门人才组建乡村振兴与县域经济研究中心，2018年6月，在北京举办了寿光桑梓人才对接交流会。在此基础上将继续出台一批含金量高、吸引力强的措施，通过政策叠加，力争年内引进领军人才30人以上、重点人才100人以上，

集聚乡村振兴的原动力。三是探索工商资本助力乡村振兴新路子。吸引社会资本、金融资本投向农业农村，发挥国有企业资源优势参与乡村振兴，水务集团参与建设了总投资 50 亿元的中国蔬菜硅谷田园综合体；金宏集团、农发集团参与建设了总投资 10 亿元的智慧农业装备产业园；农发、金宏、金投等集团共同建设了占地 3000 亩的诗意田园生态农场项目。注重引导民营企业助力乡村振兴，组织实施了"百强企业帮百村"行动，采用合建项目、扶持产业、盘活资源等方式，对部分村重点帮扶，其中，蔬菜产业集团在营里镇建设了万亩生态农业园区，带动形成了全社会关注乡村振兴、助力乡村振兴的强大合力。

▶ **案例 1.2**

诸城市农村一二三产业融合发展情况

诸城市委、市政府把推动农村一二三产业融合发展，作为加快新型城镇化和城乡一体化发展的重要措施，创新思路，积极推进，取得了良好成效。全市已实现 90% 的农产品就地加工转化增值，带动 45 万农民参与到产业化经营链条中，农民收入的 75% 以上来源于农业产业化经营。

（一）培育多元化经营主体，带动一二三产业融合

一是培强、壮大农业龙头企业。按照主导产业抓龙头、龙头企业抓升级的工作思路，加大农业龙头企业培育力度，不断扩大企业集群规模。山东杨春商贸集团有限公司投资 30 亿元建成的龙海水产批发市场，是山东省最大的水产品交易市场，也是华北地区最大的水产品交易市场之一。拥有经营业户 300 多家，交易辐射 20 个省的 40 多个地市以及东南亚、港澳等国家和地区，年交易额 40 多亿元，年创利税 3000 多万元，享有"旱地码头"盛誉。外贸、得利斯、惠发、万年等农业龙头企业投资 117 亿元打造的诸城高端食品安全示范区，引进肉食加工、蔬菜冷脱、种鸡孵化和饲料加工等先进设备实现转型升级；建成冷链物流项目 3 个，总库容 30 万吨；粮食仓储项目 2 个，仓容 20 万吨，建成 120 万吨粮油加工项目及 20 万吨粮食仓储和现代物流项目；建成省级食品检验检测中心和食品安全质量控制

中心各 1 处。截至 2018 年，诸城市各类龙头企业发展到 1200 多家，其中规模以上 280 家，包括国家级 3 家、省级 9 家，省级以上龙头企业数量居全省第一。

鼓励龙头企业与专业合作社、家庭农场、种养大户对接，多形式、深层次参与现代农业发展，实现了原料生产、加工一体化，带动了广大农民就地就业。在得利斯、华昌食品、帝王食品等农业龙头企业带动下完成投资 10 亿元，改造新建标准化养殖场 500 多处；全市已发展企业自属大型饲养场达 110 多处，自属种植基地 12 万多亩，近 3 万多名农民就近就业。拥有生猪标准化规模养殖场 1000 余处，蛋鸡标准化规模养殖场 300 余处，肉鸡标准化规模养殖场 600 余处，生猪出栏 233 万头，家禽出栏 7036.3 万只，肉蛋奶总产量 38.5 万吨。全市生猪、肉禽、蛋鸡标准化规模养殖比重分别达到 80%、98%、90%，初步形成了三大畜牧业产业化发展体系：以得利斯、华宝等生猪龙头企业为带动的生猪产业体系，产业链年产值 30 亿元；以诸城外贸、万年、和生等肉禽龙头企业为带动的肉禽产业体系，年实现产值 25 亿元；以大森林特种动物养殖专业合作社为引领的毛皮动物产业体系，年出栏水貂 1500 万只，占全国水貂出栏总量的 1/4，年可实现产业收入 15 亿元。

二是规范提升农民专业合作社。积极发展农机、生资、技术指导等生产合作服务组织，山东信得科技有限公司投资 5000 万元建成诸城市畜牧业技术服务平台，新安动物养殖科技服务公司投资 3800 万元建成特种动物养殖科技服务平台。推进跨社区、跨镇街（园区）、跨地市组建合作社联合社，提高了农民的组织化程度。全市合作社总量达到 2208 家、合作社联合社 28 家、经济合作社 473 家。鼓励农民以土地承包经营权入股农业产业化经营，成立土地合作社 51 家，土地流转面积累计 59.3 万亩，占比 39.1%；有 3 万亩土地加入了股份合作社，农民当上了股东，实现了生产资料升值增值。

三是创新发展家庭农场。在全省率先开展了家庭农场注册登记工作，通过龙头企业、合作组织、致富能人带动，对 100 家经营效益好、带动能力强的示范家庭农场进行重点规范和培育，提高了生产经营效益。全市共登记注册家庭农场 1200 家，注册资金达 8.1 亿元。家庭农场共经营土地 19.5 万亩，户均纯收入 10 万多元。

四是大力培育职业农民。依托潍坊工商职业学院成立全国首家农村社区学院、在 13 处镇街组建了社区分院、在 208 个农村社区设立社区教学站，构建起市、镇街、社区三级农民教育培训网络。实施了"百千万"培养工程，对 100 名农场业主进行学历提升系统培养，对 1000 名青年农民进行实用技术培训，对 10000 名新市民进行素质提升培训，农民整体素质全面提升。

通过龙头带动，实行"龙头企业＋合作社＋农户（场）"等多种经营模式，诸城市形成了工业带动农业、农业支持工业、一二三产业相互促进、融合发展的良好格局。诸城市已发展起十大农业融合产业体系。（1）肉鸡产业体系：形成了以外贸、万年、和生等肉鸡龙头企业为带动的肉鸡产业体系，年屠宰加工量达到 1 亿只。（2）生猪产业体系：形成了以得利斯、帝王、华宝等生猪龙头企业为带动的生猪产业体系，每年的屠宰加工量达到 360 余万头。成为全国生猪良种繁育和标准化生产加工基地。（3）烤烟产业体系：种植烤烟已有 50 多年的历史。2015 年，种植烤烟 7 万亩，实现烟农总收入 2.95 亿元。先后被确定为全国优质烟生产基地、全国烤烟出口基地，与美国大陆公司合作开发的主料烟填补了国内主料烟生产空白。（4）果蔬产业体系：水果总面积近 5 万亩，包括苹果、梨、桃、樱桃、葡萄、杏、李子、草莓等品种，分布在舜王、南湖、龙都、贾悦、枳沟、皇华、桃林等镇街。蔬菜种植面积 36.2 万亩，产量达 106.3 万吨，形成了以相州、贾悦、石桥子为主的果蔬生产加工区。（5）苗木花卉产业体系：苗木花卉种质资源丰富，形成了南湖苗木花卉中心区、桃林樱花产业带、林家村雪松基地和贾悦、舜王、龙都等乔木生产区。苗木花卉生产面积 8.16 万亩，形成了以造林苗木、绿化景观苗木、经济林苗木为主的三大系列苗木产品，400 多个品种。（6）粮油面食产业体系：有得利斯 100 万吨粮油加工、中丰粮食加工物流和山东仁木、喜庆粮油等企业。（7）玉米深加工产业体系：有兴贸玉米、东晓生物等企业。（8）花生产业体系：花生播种面积 18.2 万亩，产量 5.4 万吨。（9）茶叶产业体系：有茶叶种植得天独厚的优势，南部山区的桃林镇，土壤为棕壤微酸性土，20世纪60年代初引种栽培茶叶获得成功，成为全国纬度最高的茶叶栽培地区。2016年茶叶面积达到1.9万亩，大棚茶园640亩，干毛茶产量1020吨。2010年注册了"诸城绿茶"中国地理标志商标。（10）特种动物产业体系：特种动物产业主要分布在密州街道、龙都街道、舜王街道，养殖总量最高达到2000多只，约占全省养殖总量的3/5，全国的1/3，是全国水貂养殖第一大县。按照"引进、繁育相结合"的原则，加快特种毛皮经济动物良种引进和扩繁步伐，投资4500万元，引进丹麦水貂4.5万只，形成了年存栏良种水貂6万只的大森林特种动物专业合作社东山良种繁育基地。按照"补链、建链、强链"的产业发展思路，积极发展特种毛皮经济动物裘皮流通贸易服务，投资2000万元建成诸城市毛皮动物市场一处，占地面积98亩，建设交易大厅7000平方米和加工车间5000平方米，配套建设了万吨级冷库2个和200套刮皮机等设施设备，实现产业转型升级。

（二）搭建多层次平台载体，促进一二三产业融合

一是提升城区。加快旧城改造片区开发，开发重点片区11个，建成高层楼宇350栋，商品房642万平方米。大力发展总部经济、电子商务、金融资本、信息中介、高端商务等业态，引进了阿里巴巴、青岛利群、诚通集团、碧桂园等知名企业，骨干物流企业达到68家，各类金融机构70家，大型购物中心、写字楼和星级酒店60多家，中心城区辐射带动能力不断提升。

二是改造镇区。开展镇街驻地提升行动，按照"一个中心、四个规划、六个体系"的标准，提升基础设施、聚集融合、生态环境、文化建设、社会管理等功能，共完成镇街驻地拆迁改造7000多亩，小城镇建成区达60平方公里，城镇化率达到58.1%。坚持产业立镇、特色兴镇，着力打造工业主导型、商贸服务型、现代农业型、文化旅游型特色强镇，促进城镇向小城市转型。昌城、辛兴两镇被确定为国家级重点镇，建成省级特色产业镇3个，潍坊市级特色产业镇7个。

三是优化社区。诸城市创新推进的农村社区化发展，实现了以行政村为单元的传统社会管理向以社区为单元的现代社会管理转变，是农村社会管理服务体制的重大变革，顺应了生产力和生产关系的发展要求，有力促

进了全市第一、第二、第三产业的发展。农村社区化发展的主要做法如下。

其一,创新推进社区建设。(1)科学规划布局。2007年,按照地域相近、规模适度、方便群众的原则,把相邻的几个村庄和相关单位规划建设为一个社区,全市1249个村庄共规划建设了208个农村社区,服务半径一般在2公里以内,涵盖5个左右村庄、1500户左右;在社区内选择一个交通比较便利、发展基础比较好的村庄设立社区服务中心。到2008年6月,208个农村社区和社区服务中心全部建成运行,形成了"多村一社区"的"诸城模式"。(2)完善服务功能。在社区服务中心统一设置"四站四室一厅",即综治维稳工作站、群众工作站、计划生育服务站、教学站,警务室、卫生室、图书阅览室、文体活动室,综合服务厅;配套建设日用品超市、农资超市、幼儿园、老年人日间照料中心等便民服务设施,近距离为群众提供基本公共服务和生产生活性服务,打造起"两公里服务圈"。(3)健全运行机制。从人员、制度、资金等方面建立落实长效机制,确保社区有序规范运行。每个社区配备10名左右工作人员,市财政每年每个社区补助2万元运行经费,制定出台了一系列规章制度和考核激励保障措施,调动了各方面的积极性,促进了农村社区建设工作的落实。

其二,调整优化社区管理体制。(1)依法撤销行政村。为打破社区内行政村的发展弊端,实现以社区为单元的"集聚式"发展,在深入调研论证、尊重群众意愿的基础上,于2010年6月,依法按程序撤销了1249个建制村,以社区为建制单元组建了208个农村社区。(2)创新社区组织设置。撤销行政村后,以农村社区为单元,成立社区党委(总支)和社区村委会,选举产生208个农村社区党总支(党委)。2011年上半年,顺利完成了以社区为单元的自治组织的换届选举。从而构建起以社区党组织为核心、自治组织为主体、群团组织为纽带、各类经济社会组织为补充的社区管理新体系。(3)深化社区村民自治。在完善组织框架的基础上,创新推行社区党务、事务、财务、服务"四务"公开和社区党委初议、联席议事、决策听证、公开办理、定期评议"五制"管理,每月9日为"四务公开日",11日为社区事务公开"民主质询日",引导社区居民依法民主管理社区公共事务,使村民自治制度得到不断深化和完善。2012年,诸城市被命名表彰为

"全国村务公开民主管理示范市"。

其三，全面拓展社区服务领域。（1）完善公共服务。主要是相关市直部门依托农村社区开展的服务，包括社会保障和社会救助、医疗卫生、公共就业、人口计生、文化教育、纠纷调解、法律服务、公共安全等基本服务，使广大农民群众在家门口就可以享受到了城乡"同质"生活，提升了公共服务的普惠度和群众的幸福感、满意度。（2）拓展市场化服务。积极引导推进日用品消费店、快餐店、生产资料连锁店、社会福利、金融保险等服务业进社区，方便了农民群众的生产生活。设立社区土地流转中心、农业科技服务中心、金融服务站等服务机构，促进土地、资金、人才、技术、信息等生产要素在社区内集约配置。（3）延伸社会管理服务。所有农村社区普遍建立"一站四室"综治维稳机构，组建1500多人的综治维稳信息员队伍，落实"1+2"农村社区警力配备模式，每个社区都建有社会治安智能防控平台，夯实了农村社会稳定的根基。创新网格化管理，将综治维稳、安全生产、环境整治、民生保障等工作沉到社区、纳入网格，实现了农村基层社会管理服务无缝隙、全覆盖。（4）开展志愿互助服务。每个社区都设有志愿服务联络机构，定期组织开展志愿服务活动，提振了社区文明风气，提高了社会文明程度。引导村民之间互帮互助，通过成立志愿互助小组、结对帮扶等方式，帮助困难群众特别是老年人、残疾人、留守儿童、生活贫困群体等解决日常生活的问题。

其四，稳妥推进聚合居住。用好国家和省城乡建设用地增减挂钩政策，确定人口相对集中、产业基础好、条件便利的社区，依托旧城改造、驻地提升、产业带动、社企联合等模式，规划建设社区聚合区。特别对符合城乡建设用地增减挂钩政策的聚合区，坚持做到以下几点。（1）合理规划布局。坚持科学集约布局，把社区建设、聚合居住与新型城镇化发展相结合，与城乡布局、新农村建设、基层社会管理等工作相衔接，本着方便群众生产生活的原则，合理布局聚合区、养殖区和大型农机具存放点，科学设计户型，提升聚合区建设水平，增强吸纳功能。（2）充分尊重群众意愿。始终把维护农民合法权益放在首位，安置楼建在哪里、怎么建、什么户型、多大面积等，坚持从实际出发，充分尊重群众意愿，保障农民的知情权、参与权、受益权。具体操作过程中，坚持做到"三申请、四要件、五通过、六公开"，严格规范工作程序，保证工作稳妥有序进行。（3）强化政策激励。出台优惠政策，对符合增减挂钩聚合区建设过程中涉及的地方行政事业性收费，全部免除；对符合购房条件的社区农民，购房契税实行等额财政扶持；在财政设立专门账户，对通过增减挂钩政策拆迁节余指标，每亩给予22万元的财政补助。先后共拨付3.19亿元。（4）完善配套设施。按照"五化（硬化、绿化、美化、净化、亮化）、八通（路、水、电、暖、气、电信、有线电视、宽带全部开通）"标准加快基础设施建设。所有农村社区都建有地埋式垃圾周转箱，形成城乡一体化垃圾处理体系。深入开展生态文明乡村建设和环境综合整治活动，创建绿色生态家园。

其五，发展壮大社区经济。（1）培育发展特色产业社区。组织全市208个农村社区，在综合分析各自经济基础、区位、产业和要素资源等现状的基础上，按照因地制宜、突出特色的原则，大力培育农业主导型、工业主导型、服务业主导型等多业态特色产业社区，逐步建立起门类齐全、结构合理的现代服务业体系。2016年全市共培育起特色产业社区132个、千亩以上种植园区63个，标准化规模养殖园区235个、园区化水平超过80%。（2）积极发展社区合作经济。一是大力发展农民专业合作经济组织。引导农民开展农业规模化和标准化生产，完善加固"农业龙头企业＋合作经济组织＋农户（基地）"的农业产业化经营链条，提升农业产业化、集约化经营水平。二是规范推进土地流转。在社区设立土地流转中心，搞好信息采集和供需对接，推动农村土地向合作社、农业龙头企业和种植大户转移聚集，实现农业农场化、农民职工化。2016年全市共流转土地56.7万亩。三是加快发展家庭农场。因地制宜，积极引导种养殖大户发展家庭农场，健全配套政策，着力打造以家庭为主的规模经营产业链条，加快构建现代农业产业体系，全市注册家庭农场超过1093家。（3）有序推进集体资产管理改革。撤销行政村建制后，按照有关法律规定，在各自然村成立经济联合社，对集体资产管理和运营。2016年全市正在探索推行集体产权制度改革，主要是通过对社区集体资产的清理评估，明晰产权，量化管权，将所有权与经营权分离，生产经营与服务管理分离，建立法人治理结构，依法经营盘活闲置资产及闲散资金，实现资产变资本、农民变股民。截至 2015 年底，全市完成农村 1193 个经联社土地确权登记颁证、1198 个集体经济组织产权改制，集体资产管理科学化水平不断提高。

2014 年 2 月，诸城新型农村社区建设项目获 "2013 年中国人居环境范例奖"。2015 年，3 个社区入选山东省 "农村新型示范社区"。

四是完善园区。抓住被确定为全省园区经济试点县的机遇，完善以 12 个市级重点园区为核心层、镇街产业园区为紧密层、社区特色园区为协作层的园区圈层发展格局，统筹推进工业、服务业和现代农业园区建设。全市各类园区共吸纳过亿元项目 300 多个。整合土地、劳动力等资源要素，实行社区和产业园区同建，培育起特色产业社区 132 个，社区产业园入驻企业 1229 家，18 万农民在家门口转变为产业工人。

（三）推进全要素整合，支撑一二三产业融合

一是推进工商资本下乡。鼓励城区企业将生产链条延伸到农村，促进城乡经济融合互动。全市有 100 多家规模企业将生产链条向农村转移，带动镇街、社区发展起规模以上企业 400 多家。各镇街规模以上工业企业数量占比达到 90%。鼓励引导工商企业和社会资本加大涉农投入，大源、长运、万兴、新天地、基泰等 50 多家工商企业投资 30 多亿元，建起了 3 万多亩的现代化种养园区。

二是强化农业科技下乡。整合农技推广资源，每个社区配备全科技术员、防疫员和农产品质量监管员各 1 名，初步构建起了城乡一体的社区农业科技推广体系。加强农业信息化 "五大服务平台" 建设，推行 "五位一体" 的农业科技服务模式，为社区农民提供便捷服务。2015 年，诸城农业信息网的点击量达到 80 万多次，受理 12316 热线 180 次、在线视频咨询 300 多次，出动农业科技直通车 100 多次，解决农民种养殖问题 800 多个。

三是创新农村金融服务。引导 4 家金融机构在农村社区设立 "金融服务站"，派驻金融服务人员 707 人，打造起 "两公里金融服务圈"。成立了建信村镇银行、泰丰农村资金互助社以及 5 家小贷公司、2 家民间资本管理公司，在农村设立服务网点 452 个，发放涉农贷款 293.5 亿元。出台了《创新金融支持城镇化建设的意见》《诸城市农村住房、大棚、农村土地承包经

营权和林权抵押贷款暂行办法》，引导涉农银行办理农村住房、大棚、农村土地经营权、林权等各类产权抵押贷款累计7958笔、贷款3.1亿元。依托齐鲁农村产权交易中心诸城分中心，为农民提供评估、抵质押贷款鉴证等服务，推出了"诚富通"农民信誉联盟产品，为751个农民信誉联盟的4990户农民授信9.62亿元。

四是加大政策扶持力度。健全财政投入保障机制，"十二五"时期累计完成农林水事务支出近50亿元，投资增幅高于一般公共预算收入。全面落实强农惠农政策，优先保证"三农"投入稳定增长。出台鼓励科学发展暂行办法，对种苗基地建设、农业园区建设、设施农业发展等进行重点扶持，并优先保障设施农用地需求。投资2500万元建设现代农业科技孵化器；安排500万元果茶产业发展基金，重点扶持苗木繁育、示范园建设等工作。

第二章　昌邑市乡村振兴实践的历史过程：
农业产业化的长期探索

昌邑市是潍坊市经济体的重要组成部分。在改革开放初期，昌邑市大力发展乡镇企业，极大地促进了当地经济增长和农业的发展，逐步实现了农村工业化，吸纳了农村剩余劳动力，增加了农民收入，形成了多种经营模式的"龙型"经济，即后来的农业龙头企业雏形，从而为潍坊农业产业化的提出提供了重要的模式总结。

第一节　昌邑市经济发展概况

昌邑市属于潍坊市下辖的县级市，位于山东半岛西北部，渤海莱州湾南岸，属环渤海经济圈，市域总面积 1627.5 平方公里，辖 6 个镇、3 处街道、691 个行政村（社区），总人口 58 万。为明晰昌邑市乡村振兴实践的大环境，我们从下述三个方面展现昌邑市整体经济发展状况，以期对昌邑市经济发展情况形成宏观上的印象。

一、经济规模和经济增速

与全国平均水平相比，2018 年昌邑市的 GDP 增长率低于全国水平，人均 GDP 及人均 GDP 增长率都高于全国水平，说明整体经济发展状况良好。具体数据为，2018 年，昌邑市实现地区生产总值 470.37 亿元，增长 6.3%；按常住人口计算，人均 GDP 达到 76067 元，增长 6.3%。全国国内生产总值 900309 亿元，比上年增长 6.6%；全年人均国内生产总值 64644 元，比上年增长 6.1%。

二、投资与消费

关于投资，2018 年，昌邑市固定资产投资增长 8.5%，分产业看，第一产业投资增长 142.3%，第二产业投资下降 3.7%，第三产业投资增长 25.2%。比之全国，中国全社会固定资产投资 645675 亿元，比上年增长 5.9%。其中，第一产业投资比上年增长 12.9%；第二产业投资增长 6.2%；第三产业投资增长 5.5%。从这一系列数据可以看出，昌邑市仍然处于产业结构调整时期，第三产业增速较快。

2018 年，昌邑市实现社会消费品零售总额 202.12 亿元，增长 9.1%。中国全年社会消费品零售总额 380987 亿元，比上年增长 9.0%。这说明昌邑市经济增速对消费增速的依存较高，这一指标高于全国平均水平。

三、城乡居民收入

关于城乡居民可支配收入，2018 年，昌邑市城镇居民人均可支配收入 36118 元，增长 7.2%；农村居民人均可支配收入 18934 元，增长 7.2%。全年全国居民人均可支配收入 28228 元，比上年增长 8.7%。城镇居民人均可支配收入 39251 元，比上年增长 7.8%。农村居民人均可支配收入 14617 元，比上年增长 8.8%。由此可见，昌邑市城镇居民人均可支配收入及其增速低于全国水平，但是农村居民人均可支配收入水平大于全国水平，说明昌邑市城乡居民收入差距较低。

第二节　发展乡镇企业，建立"龙型经济链"

我国乡镇企业经过多次改革与发展。在新中国成立初期、计划经济体制加持下，我国重工业获得了优先发展。到 20 世纪 80 年代初期，微观经营体制获得改革，企业拥有了较多的自主权，动摇了计划资源配置体制，并带动了我国消费品市场，为乡镇企业的发展提供了调整机会。昌邑意识到，要抓住改革机遇，发展农村经济必须在"八五"期间打好基础，"九五"期间加快发展，追赶 21 世纪经济发展潮流。为此，昌邑根据自身优势，确立主导产业和重点产品，先后建立了潍河百里林果开发带，北部海水繁殖、捕捞、加工、棉花种植带，中部果蔬高效示范区，南部丘陵商品粮、桑蚕生产基地，发展社队企业、乡镇企业，形成加工企业为龙头、生产基地为龙尾等各种"龙型经济链"，实现小农户与大市场的对接，农业产业与市场经济的互动。

所谓"龙型经济链"，是指把生产、加工、销售等环节串联成一个有机的经济链条，把农村种植、养殖、加工等几大产业与市场衔接，解决农村产业与市场接轨难的问题。落实到实践层面，"龙型经济链"以生产基地为基础，依靠龙头企业带动，将农产品做深度加工，既能发挥规模生产的优势，又能形成主导产业，最终建立起农民增收的长效机制。所以，昌邑从改革开放之初便发展乡镇企业，为龙头企业的崛起从而为"龙型产业链"的发展打下了坚实的基础。

1978 年党的十一届三中全会召开时，当时的昌邑县委、县政府就把发展社队企业摆到了重要议程上，提出"村村有项目、人人有活干、天天见收入、常年不断线"的口号，引导农民走"一种二养三加工"的路子，推动乡镇企业的发展。对骨干乡镇企业，实行领导干部分工包干制度，进行现场办公，帮助企业跑技术、引项目、拉资金、解难题。1993 年底全县用于乡镇企业技术改造资金达 3 亿多元，新增产值 12 亿元，开发高新优产品 300 多种，适应了国内外市场需求；到 1998 年底，昌邑市乡镇企业已达 6958 处，其中乡村集体企业 490 处，乡镇企业总产值占农村社会总产值达 80% 以上，乡村工业增加值占全市的 50% 以上，成为农村经济的重要支柱。

但是由于乡镇企业旧有的产业结构和运营机制难以适应我国不断完善的社会主义市场经济体制的发展，昌邑市乡镇企业不可避免地出现了效益下降、增幅减慢，甚至部分企业出现了亏损。针对这种情况，昌邑市委、市政府意识到必须优化生产力结构、提高产品科技含量和劳动者素质，推动乡镇企业的二次创业，为此，市委市政府从三方面进行了改革。

第一，加快和规范乡镇企业的产权制度改革。制定《关于深化企业改革的实施意见》和《关于在乡镇企业改制中加强集体资产管理的规定》，对乡镇企业的改革规范和主要形式进行了明确规定，以不设公有股、领导班子及企业骨干人员控大股的股份制和股份合作制为主，因企制宜，一企一策，多形式改制。对企业规模较大、净资产较多、实力较强的企业，在尽可能吸收内部职工入股的前提下，通过兼并联合招商引资、嫁接改造等多种形式，改制为股份有限公司或有限责任公司；对中小集体企业通过向内部职工、社会自然人和其他法人拍卖或转让产权，改制为有限责任公司或股份合作制企业；对规模较小，资产效益发挥不够好的企业，实行整体拍卖的办法，转移债权债务，回收成本投入其他发展前景较好的企业；对整体经营虽有困难、但其中部分产品有发展前途的企业，采取"母体裂变"的办法，将部分有效资产分离出来重组，分块搞活。至1999年，全市490处集体企业中343处进行了不同形式的改制，重新激发了企业活力。

第二，调整产业结构，增强企业竞争力。作为全国"丝绸之乡"，昌邑市乡镇企业的起步也是以纺织为主体。在20世纪80年代，昌邑市已成为全国三大纺织印染基地之一，纺织业产值占整个GDP的70%左右。但是由于防治产业结构较为单一、高附加值较少，加之生产过剩导致企业效益下降。对此，昌邑市政府帮助纺织企业进行技术改造，支持其更新设备，提高产品质量和档次。同时昌邑也注重在稳定和完善家庭联产承包责任制和统分结合双层经营体制基础上，发展农副产品加工业、销售业，逐步发展起加工肉鸡的新昌肉鸡集团、肉猪过千吨的太宗食品厂，以海产品为主的冷藏厂、饮马太宗食品厂、北孟花生制品总厂等。同时昌邑利用辖区内丰富的盐矿、石英矿等自然资源，发展铸造加工业，逐步建立了初具规模的鲁东铸造城，促进全市乡镇企业的产业结构调整，培育了新的增长点，又带动了一大批养殖专业户，形成了农民与企业的利益共同体，带动农业企业化、集约化和产业化。

第三，实施企业集团带动战略，发展规模经济。在改革开放初期，乡镇企业具有灵活、转型快的特点，但是随着市场经济的发展，生产资料成本的增加，市场竞争日益加剧，乡镇企业必须依靠规模优势降低成本、抱团发展。因此昌邑市以名牌产品为龙头，以资产联结为纽带，以骨干企业为核心，组建、培植规模大、技术含量高、效益好、集生产经营和科技开发于一体的企业集团。这种集团组织形式多样。如饮马镇多年来有外贸企业加工白带的传统，但缺乏统一组织协调，内耗严重，昌邑市委市政府在了解调查等基础上，决定以镇织带厂为龙头，将全镇120多处集体、个体织带企业组织起来，组建织带集团，既提高了产品质量又增强了市场竞争力。再如三得利集团，由三得利染织厂发展起来，先后建立制衣公司、石材公司、建筑公司等十个企业，创造了三得利知名名片。至1999年底，昌邑市有23处企业和企业集团被农业部认定为农业大中型企业，实现了生产要素的合理流动，保证了"龙型经济链"的带动作用，增强了企业市场竞争力和风险抵御能力，提高了农民收入。

总之，昌邑市一方面重视"龙头"乡镇企业在产业结构调整、发挥规模效应的带动作用，另一方面重视与国内外高新技术衔接，真正实现了龙头带基地、基地联农户的规模化、集约化生产格局，推进了昌邑在改革开放前二十年中的农业产业化进程。

第三节　壮大龙头企业，坚持产业振兴规模化

乡村振兴归根结底还是发展的问题，其取得成功的根基在于乡村产业发展。产业发展是乡村发展的基础，是乡村振兴的出发点和落脚点，也是普通群众生产和生活的重要依托。进入21世纪后，昌邑市委市政府领导班子认识到，初具规模的乡镇企业或乡镇企业集团并不能高枕无忧，在经济发展的大浪潮中，昌邑必须夯实现有经济基础，增加新的经济增长点。对此，昌邑提出要实行"科技领先、产品超前、规模经济、多元发展"战略，培育更多新兴产业，要积极调整农业产业结构，加快推进农业产业化；把培育壮大农业龙头企业作为推进农业产业化经营，促进农民增收的关键环节来抓，灵活采取政策扶持、招商引资、优化环境、强化服务等措施，有力地促进了农业产业化龙头企业的快速发展。

一、推进农业领域供给侧结构性改革

昌邑市坚持以农业供给侧结构性改革为主线，加快推进农业由增产导向向提质导向转变，不断提高农业综合效益和竞争力。坚持整体推进与重点突破相结合，在做强做优传统种养业的基础上，通过发展新兴产业和深化产业融合，积极发展乡村文旅、商贸物流、精深加工等第二、第三产业，对乡村产业深入挖掘和改造提升，推动产业融合，在乡村形成有利于企业和社会资本进行投资的产业体系和格局，推动乡村产业从量变到质变，形成乡村振兴的新引擎。

通过对土地等要素资源的合理配置，提高生产效率，增加社会产出。扎实推进农村集体资产清产核资工作，对村集体闲置厂房、院落等存量土地，采取租赁、拍卖、入股等方式盘活利用，为乡村振兴增加土地指标。通过土地流转和推动工商资本下乡，加大对农业资源的整合力度。加快土地流转步伐，积极推广土地托管、入股分红等有效做法，鼓励引导土地经营权向新型经营主体集中，发展多种形式适度规模经营，探索推进宅基地所有权、资格权、使用权"三权"分置，激发农村土地市场活力。到2018年9月，昌邑市累计流转土地面积近62.1万亩，开工500亩以上现代农业园区97个、"新六产"项目44个，全市建成50亩及以上的现代农业园区826个，占地面积18.87万亩（其中，粮食544个，占地面积6.45万亩；瓜菜果茶等282个，占地面积12.42万亩）。

昌邑市通过资源整合，积极打造乡村产业振兴的示范带，形成了以下几个方面的示范带，实现了产业的适度规模经营和综合效益。

（1）苗木产业。现有绿化苗木12万亩，存圃量达到1.7亿株，苗木企业300多家，年产值15.8亿元，连续成功举办15届绿博会和12届中国园林花木信息交流会。特别在城区东部，以绿博园为代表的旅游观光、以绿博会为代表的会展经济、以中国（昌邑）北方花木城为代表的技术推广示范、产品交流贸易等多业态多项目集聚发展，绿博园周边还有2000多亩高端苗木，对这些资源加以整合提升，可以打造成为具有重要影响力和良好辐射带动作用的苗文旅融合发展示范区。

（2）核桃产业，鼎立薄壳核桃种植合作社承担了中央财政资金林业科技推广项目，是山东农科院新品种示范基地，集坚果生产、果品深加工、育苗科研、生态旅游于一体，同时将周边3个村、1500户村民整体纳入合作社，核桃种植面积将达到7000亩，合作社成员每年每户增收1.2万元以上。

（3）桑园产业，依托柳疃丝绸文化特色，打造了涉及13个村庄的"万亩桑园"项目，成功举办了首届桑葚采摘节。以桑蚕为纽带，融合生态农业、品牌工业、特色服务业，打造丝绸小镇，全面提升辐射带动效应。

（4）海水养殖产业，养殖总面积42万亩，先后组织实施了多项国家重大海洋与渔业"863"计划项目，单环刺螠育苗技术填补了国内空白。对虾国际育种中心项目正在积极对接，建成后将带动沿海南美白对虾养殖增加产值60亿元，形成全国重要的"产学研相结合、育繁推一体化"水产科技示范园区。邦普种业国家级水产遗传育种中心研发具有自主知识产权的对虾多性状复合育种技术和育种核心群体，2018年9月正式投产，努力打造国内一流的水产业育繁推一体化大型育种企业。

二、壮大龙头企业，发展规模经济

昌邑市级以上农业龙头企业达到67家，其中国家级重点龙头企业1家，省级重点农业龙头企业5家，潍坊市级重点农业龙头企业61家，涵盖了畜禽、种子、粮食、棉花、蔬菜、肉类、水果、苗木、水产品等多个种类。在此基础上，昌邑继续出台各项措施，积极培育新型农业经营主体，使农业产业化工作再上新台阶。

第一，起草制定有关文件。牵头起草制定了《关于培育壮大新型农业经营主体的实施意见》《支持工商资本下乡参与乡村振兴的实施意见》《家庭农场发展扶持办法》《昌邑市家庭农场扶持办法》等文件，积极引导城市工商资本下乡33家，总投资额35.2亿元。培育农业产业化重点龙头企业124家、农业产业联合体8家，开展种植养殖、农产品加工、田园综合体、旅游开发等项目建设，有效带动昌邑农业产业转型升级。

第二，培育壮大农业龙头企业。完成了市级以上农业龙头企业的申报与监测，新申报省级农业龙头企业 2 家，潍坊市级农业龙头企业 39 家，市级以上农业龙头企业总数达到 67 家，同比增长 46%。同时潍坊金浩面业有限公司荣获省级农产品加工示范企业，山东琨福农业科技有限公司荣获省级农业新六产示范主体。

第三，鼓励引导城市工商资本下乡，加快农村一二三产业融合升级。开展了城市工商资本下乡调研，积极引导城市工商资本下乡，参与农产品加工、旅游开发、种植养殖等项目建设。2018 年昌邑市参与城市工商资本下乡的投资主体共有 33 家，总投资额 35.2 亿元。协调调度引进落实城市工商资本下乡项目 8 个，超额完成了潍坊市全面深化改革考核引进落实城市工商资本下乡项目 3~5 个的任务。

第四，争取上级财政资金支持，提供农业综合生产能力。（1）开展高标准农田建设。新建机井 76 眼、变压器 3 台、管涵生产桥 1 座、硬化道路 2800 米，进一步完善了农田路网和水利设施，建成粮食高产创建攻关区、示范区和辐射区 10.99 万亩，争取资金 500 万元，实施 2018 年现代高效农业发展——粮棉油绿色高质高效创建项目，集成推广绿色高质高效标准化生产技术模式，推动实现作物全生育期节水 20% 以上，减少化肥农药用量 10%，农药利用率达到 40%。"两区"划定工作已完成上图入库。（2）提升耕地质量。争取资金 1200 万元，完成"深耕深翻 + 整地镇压"作业面积 15 万亩。争取资金 139 万元，补贴生物有机肥 631.82 吨，改良土壤 5000 亩。（3）落实农业补贴。发放耕地地力保护补贴和棉花目标价格补贴，核定小麦、棉花种植面积分别为 66.13 万亩、2.45 万亩，报送财政部门落实补贴资金 8633.5 万元。完成小麦良种统一供种 31 万亩，补贴资金 310 万元。（4）争取资金 290 万元，开展农业生产救灾补助和小麦茎基腐病重发区统防统治服务。（5）落实政策性农业保险。全年作物投保 84.21 万亩，及时组织承保公司对 14.36 万亩受灾作物定损、理赔，落实赔付金额 1724 万元，降低农民损失。

第五，创建农业产业联合体、提高绿色农业生产标准。探索新型农业经营主体发展新模式，引导鼓励农业龙头企业牵手家庭农场、专业合作社等领办农业产业联合体，为农业农村发展注入新动能。昌邑已创建小麦、种苗、大姜、苗木等农业产业联合体。在这些联合体中，深入开展化肥农药减量行动，充分借助电视、网络等媒介，送科技下乡等活动，全方位放大农业科普效应推广测土配方施肥、水肥一体化、秸秆还田技术；播放公益宣传片 2 部、《农广天地》5 期，举办培训班 10 期，培训技术员 30 人次、农民 400 余人次，发放技术手册 1 万余册；制定施肥配方 6 个，推广新增水肥一体化技术 2 万亩，测土配方施肥技术 143.2 万亩，技术覆盖率达到93%；积极发展生态循环休闲农业，推广生态循环农业示范面积 14500 亩；加快推进植保体系建设，建成病虫害智能化预警监测站和东亚飞蝗智能化预警监测站，新建粮食专业化防控示范区 2 万亩、园艺专业化防控示范区1000 亩，全市统防统治面积 75 万亩，绿色防控覆盖面积 49 万亩次，植保水平进一步提高。

第六，发展特色农业产业，持续发力生姜产业、苗木产业发展。一是加快建设全国特色农产品（生姜）优势区和潍坊市级（生姜）现代农业产业园。制定了创建实施方案，编制《昌邑大姜产业发展规划》《昌邑大姜产业品牌战略规划》并已形成初稿，正在修改完善。二是争取中央资金 2200万元，总投资 4115 万元，实施昌邑市 2018 年绿色循环优质高效特色农业促进项目，以增加绿色优质特色生姜供给为目标，完善生姜规模化标准化生产和品牌化经营产业链，提升生姜质量效益和竞争力，力争用 3～5 年的时间，形成"百亿级"特色优势明显、产业基础好、发展潜力大、带动能力强的大姜产业集群，带动农民持续增收致富。三是以下营鼎立核桃林园综合体、卜庄梨枣种植基地、柳疃万亩桑园、金丝达元宝枫基地等为依托，加快推进特色经济林建设。其中，鼎立核桃合作社取得了国家林业局核准的种苗进出口许可证，金丝达集团的海棠、元宝枫等经济林品种在西藏日喀则地区种植成功，受到山东省和西藏自治区领导的充分肯定。

第七，加大农业科技推广力度、提高农产品质量安全监管水平。加强基层农技推广服务体系能力建设，探索建立"创新团队＋基层农技推广体系＋新型农业经营主体"的新型农业科技服务模式，提升农技推广服务效能，打造一支有文化、懂技术、会经营的专业农民队伍；强化监管能力建设，健全市局质监科、镇街区质监办、村农产品质监员三级监管体系，市检验检测中心、镇街区快速检测室、基地检测室三级检测机制，农产品质量安全追溯、农业投入品监管和农产品检测三大平台，开展农产品质量安全监管、检测和日常巡查工作，牵头组织相关部门对昌邑市农资市场开展检查，查没违禁、假劣农药、肥料 1409 袋（瓶），确保农业投入品安全，抽检农产品样品 662 个，合格率 100%。在提高农产品质量基础上，昌邑市积极推进一村一品示范村镇建设，起草了《昌邑市一村一品建设方案》，饮马镇山阳村作为潍坊市唯一一家，入选第八批全国一村一品示范村镇，并通过开展昌邑市知名农产品评选、参加潍坊市整体区域公用品牌发布会，提升昌邑农产品品牌知名度。

通过龙头企业的带动，大力发展一二三产业融合的现代农业产业体系，发展"龙头企业＋合作社＋基地＋农户"的组织模式，把农民的产、加、销有机结合起来，积极推动一乡一业、一村一品的集约化生产。

三、培育知名品牌，发展融合产业

随着人民生活水平的提高，人们对农产品的品质要求也逐步提高。传统的农产品供大于求，供需基本平衡，市场附加值相对较低。昌邑市以发展乡村新兴产业为出发点，瞄准农业领域的新旧动能转换，立足于产业融合，打造高端品牌产品和文旅产品，推动乡村振兴。

（一）培育知名品牌，促进产业融合

昌邑市抓住"昌邑大姜"入选山东省第二批知名农产品区域公用品牌、获评中国驰名商标的契机，研究制定全市农业品牌发展规划，抓好生姜产业研究院、邦普种业科技有限公司水产遗传育种中心等项目建设，真正使名牌产品具有强大的科技支撑。鼓励支持昌邑苗木、山阳大梨、大陆梨枣等已有农产品品牌和地域品牌提档升级，打造一批在全国叫得响的农产品品牌。为此，昌邑积极抓好与知名公司的合作机会，与美国康奈尔大学合作筹建博士工作站，研发鱼菜共生项目；与步长制药达成意向，计划引导农民发展订单农业,种植小黄姜和中草药;与北京首农集团达成意向,建设大型物流冷链智能加工平台等。鼓励引导龙头企业和农产品生产基地积极开展"三品一标"认证,打造一批覆盖面广、影响力大、竞争力强、带动作用明显的农产品知名品牌。当前,"昌邑大姜"已成为山东省第二批知名农产品区域公用品牌和中国驰名商标,昌邑的生姜种植区也被认定为国家首批特色农产品优势区。

同时昌邑注重推动农业与工业融合发展。一方面,总投资42亿元打造雅拉生态食品产业园建设,完善肉羊、肉鸡、海鲜深加工等"五大板块",打造多领域覆盖、全产业链布局"雅拉模式"。积极与国际食品产业协会对接,加强与伊赛、科尔沁、张飞牛肉等知名品牌加工企业的对接合作,建设绿色生态食品城。

另一方面着重补齐农业产业在良种培育及农产品产后分级、包装、仓储、物流、营销,特别是冷链物流方面的短板。畅通完善社会化服务体系,使小农户和现代农业的发展做到无缝衔接。坚持三生同步、三产业融合、农文旅结合,推动产业链相加、价值链相乘、供应链相通,加快推进农业由增产导向向提质增效导向转变。使特色优势产业进一步丰富内涵和业态,利用"互联网+""生态+""旅游+"等新模式,推动乡村各业态融合发展,加快形成"新六产",放大综合效应,促进产业链相加、价值链相乘、供应链相通,切实实现乡村产业发展的动能转换。

(二)借助自然禀赋,发展特色产业

昌邑市立足乡村资源优势和自然禀赋,充分发挥潍河在区域发展中的重要作用,打造贯穿昌邑南北的全域旅游发展总布局,建设区域统筹发展的生态纽带。

2017年以来,昌邑市充分发挥潍河两岸的"水""绿"特色和人文优势,规划建设200平方公里潍河绿色发展长廊,这已成为昌邑发展的核心和主轴。打造潍河绿色发展长廊示范区,由南到北布局了饮马梨花水镇、潍水田园综合体、绿博园、奎聚石湾花海、柳疃丝绸小镇、龙池红色文旅小镇、下营渔家文旅小镇等一连串优质项目,模式新、布局合理、业态丰富,形成了以潍河为核心的三产业融合、绿色发展新优势。

加快建设潍水田园综合体，潍水田园综合体是省级唯一田园综合体建设试点，计划总投资 50 亿元，规划建设核心区、生态景观区、辐射带动区三大板块，配套循环农业、文旅休闲、颐养康疗、加工物流等功能区，全力推进农文旅"三位一体"、生产生活生态同步改善、一二三产业深度融合。采用"1＋N"模式，由潍水田园农业发展公司整体投资建设和运营管理。

培育万亩水产养殖、万亩核桃、万亩梨枣、万亩桑园、万亩花海、万亩山楂、万亩优质土豆、万亩高端苗木、万亩梨园、十万亩优质大姜等"10 个万亩级特色优势产业"，这既促进了规模发展优势，也通过集中规划形成了一副自然的风景带，这为促进一二三产业融合发展、加快推动产业兴旺奠定了坚实基础。

深入挖掘和保持乡村固有的历史、文化、风俗、风貌，做好与现代文明元素的有机结合，注重用最自然、最环保的方式来建设美丽乡村。梨花水镇投资 30 亿元，成立基金公司，由北京视点文化传播有限公司、昌邑城投集团、村办集体企业共同出资打造，发挥各自的比较优势，实现风险共担，利益共享。同样还包括丝绸小镇、皇姜小镇、花彩小镇、红色文旅小镇、文史研学小镇、墨尔本风情小镇、渔家文旅小镇等系列特色小镇，真正实现特色产业与特色小镇有机统一和谐共生。

通过不断发展壮大以山阳梨花节、绿化苗木博览会为代表的节会文化旅游，以潍水风情湿地公园、青山秀水旅游度假区为代表的休闲游，以天福园农场、青山庄园、大陆梨枣园为代表的采摘游，在昌邑形成乡村文旅产业的综合比较优势，使游客愿意来、留得住。

第四节　培育新型农业经营主体，推动农业现代化

党的十八大召开以来，新一届昌邑市委领导班子履职以来，始终坚持以习近平新时代中国特色社会主义思想为指导，认真贯彻落实习近平总书记视察山东重要讲话、重要指示批示精神，全面落实中央、山东省委和潍

坊市委各项决策部署，把握发展大势，扭住关键环节，紧盯群众期盼，凝心聚力，干事创业，经济社会保持良好发展态势。以县域为单位统筹规划，积极实施乡村振兴战略，整县推进乡村振兴战略的实施，通过人才振兴、组织振兴，培育农业新型经营主体，推进昌邑市农业现代化发展。

一、培育专业农民，推进人才振兴

人才振兴是乡村振兴战略的重要支撑，现阶段乡村人才不足问题十分突出，这已经成为制约农村社会经济发展的突出问题。随着农业新技术、新模式、新业态不断涌现，农村一二三产业融合趋势日趋明显，真正懂技术、会经营、善管理的专业农民人才十分紧缺。"培育造就一支懂农业、爱农村、爱农民的'三农'工作队伍"是党的十九大报告提出的明确要求。2018年4月，习近平总书记在湖北视察时也强调，"乡村振兴不是坐享其成"，要"把政府主导和农民主体有机统一起来，充分尊重农民意愿，激发农民内在活力，教育引导广大农民用自己的辛勤劳动实现乡村振兴。"因此，"切实发挥农民在乡村振兴中的主体作用，调动亿万农民的积极性、主动性、创造性，把维护农民群众根本利益、促进农民共同富裕作为出发点和落脚点，促进农民持续增收，不断提升农民的获得感、幸福感、安全感"是乡村振兴中人才振兴的关键举措。

昌邑市委市政府在党中央的相关指导意见下，努力探索推动乡村人才振兴的具体举措，形成了为乡村振兴集聚人才、实施乡村人才振兴的三大工程以及抓好乡村振兴五支关键人队伍的优秀经验。

（一）为乡村振兴集聚人才

实现乡村人才振兴，首要任务是发挥地区比较优势吸引人才进入乡村。在具体实践中，昌邑市通过各种途径为乡村振兴集聚人才。

一是引进优秀人才。大力开展招才引智活动，围绕现代农业发展，开展"千人计划"专家昌邑行、百名博士昌邑行，赴南京、武汉、大连等举办"重点企业高校行"活动。加快农业领域高端人才集聚，吸引和凝聚社会各领域人才回乡支持家乡建设，为助推乡村振兴战略的实施提供了强有力的人才支撑。聚焦现代农业新技术、新产业、新业态、新模式，通过全职引进、兼职聘用、技术攻关等多种形式，面向海内外引进聚集一批种业发展、农机装备等农业领域的"高精尖缺"人才和创新团队。同时，不断创新招才引智方式，采取产业链招、专业化招、社会化招、委托代理招、乡情亲情招等多种方式，广泛延揽各类人才投身乡村振兴事业。

昌邑市配额一定的行政编制，从中国农业科学院、山东农业大学等高校院所选聘6名农口专家担任镇、街科技副镇长。收集专家对有关问题的观点并汇集成册，先后编印《专家人才支招乡村产业振兴》3辑，发放到690个村和260余家涉农企业，促进成果转化。分领域成立6个党建研究分会，选拔172名懂党建、善治理、会服务、能创新的研究型人才，对12个党建课题进行深度研究。

二是培养本土人才。本土人才一般来说对本地的情况更熟悉一些，对乡村的风土人情、气候地理等知道得更多一些。乡村振兴要加大农村实用人才培育力度，以家庭农场、农民合作社、农业龙头企业等新型农业经营主体领办人和骨干农民为重点，强化能力素质培训、生产经营服务、产业政策扶持等，突出内部挖潜增效，促进本土人才队伍成长壮大。

三是营造人才环境。要为乡村人才振兴营造好的环境，对人才的使用是更重要的内容。一方面，打好"乡情牌"，依托乡贤人才联谊会，引导在外乡贤"常回家住住"，帮助家乡发展献言献策、招商引资，为乡村振兴持续注入"正能量"。另一方面，打好"服务牌"，推行"一站式"人才服务，为乡村人才提供周到化服务，切实为各类人才解决配偶就业、子女入学、住房保障等实际困难。加大典型选树力度，在全社会营造识才、爱才、敬才的浓厚氛围，真正让返乡创业者更有自豪感，让农业从业者更觉体面，让乡村本土人才回得来、留得住。

（二）实施乡村人才振兴三大工程

一是乡村高端人才"引领工程"，围绕现代种业、农产品精深加工、高效农业投入品等现代高效农业重点领域，集中资源引进掌握关键核心技术的领军型人才。

二是专业农民"培育工程"，组织家庭农场经营者、农民合作社带头人、农业企业骨干等生产经营型专业农民，进行系统化、专业化、高端化培训，提升涉农企业经营管理、专业技术水平。

三是乡村青年人才"储备工程"，支持大学生和进城务工人员、退伍军人等群体中的青年人才返乡投身现代农业，对"领创领办"带动村集体经济发展、带领农民共同致富的青年人才优先推荐申报昌邑市乡村之星、潍坊乡村之星等重点人才工程。强化乡村人才创新平台支撑。聚焦苗木、高端畜牧产品加工、海水养殖等领域，围绕自主创新能力提升，支持重点企业自建科技创新平台，激励联合国内外高校、科研院所合作建设产业研究院等新型研发机构，进一步提升产学研协同创新水平。推动人才服务向农村延伸，引导广大青年人才到农业农村生产一线建功立业。

（三）抓好乡村振兴五支关键人队伍

抓住乡村振兴关键人队伍，关键人队伍的行为举止对其他各类乡村人才有着引领示范作用，抓乡村振兴中的关键人队伍，就找到和抓住了乡村人才振兴的支点，可以发挥事半功倍的放大效应。抓关键人队伍，其实就是抓住了乡村人才的绝大多数。工作中，昌邑市充分发挥党的政治优势，把党的全面领导落实到乡村振兴的全过程，突出抓了"五支关键人队伍"。

一是农村带头人队伍。坚持把选准育强村级带头人作为实施乡村振兴战略的突破口，积极组织农村优秀支部书记、实用技能人才到浙江等地学习考察，通过寻标对标开阔视野、提高素质能力。高标准完成村"两委"换届选举，新当选的村级班子年龄、学历、能力"三个结构"进一步优化。连续两年在潍坊市委党校举办昌邑市村级党组织书记培训班，通过提前了解村支部书记"急需急盼"，量身设计服务党员群众、发展壮大村集体经济等七大课程，采取"理论辅导、业务讲解、研讨交流、现场教学"四结合的方式，增强培训的针对性和实效性，取得了村书记欢迎、人力财力"双节约"的效果。

二是乡贤人才队伍。围绕破解乡村振兴的人才瓶颈，昌邑市以实施"乡贤人才集聚"工程为抓手，从本土及在外的昌邑籍企业负责人、经济能人、退休干部等群体中选出有威望、有奉献精神、有带动能力的贤达人士

2300 多名。充分发挥乡贤人才作用。组织指导有条件的镇村全面摸排各类乡贤人才，建立乡贤人才信息库，推动镇、村成立乡贤人才联谊会 92 个。引导乡贤人才积极投身乡村建设，乡贤人士已帮助引进项目 14 个，吸引投资 4000 余万元，开展捐资助学、访贫济困 130 余次，捐助资金 130 余万元，化解矛盾纠纷 120 余次，他们在修订镇志、村志等工作中积极建言出力，给予了大力支持。

三是第一书记队伍。选优配强第一书记是激活村级动力的有效方式，工作中，昌邑市注重有效压紧压实工作责任，加强经常性调度，不断激发这支队伍的活力和创造力。接续开展四轮包村联户活动，本轮共精准选派 52 名政治素质高、组织协调能力强、热心为群众服务的优秀干部到村担任第一书记，采取综合措施推动第一书记驻得下、干得好。各帮扶单位投入帮扶资金超过 6170 万元，实现增收 133 万元以上，有力推动了帮扶村各项事业发展。

四是农村党员干部队伍。扎实推进党员进党校培训工程，确保 3 年内全部轮训一遍。深化农村党员积分制管理，进一步细化完善积分办法和考核标准，将积分结果与评先树优、党员民主评议挂钩，培育高素质农村党员干部，为乡村振兴贡献力量。农村党建研究会成员队伍。分领域成立了 6 个党建研究分会，选拔 172 名懂党建、善治理、会服务、能创新的研究型人才，对 12 个党建课题进行深度研究。

五是农村实用人才队伍。加大培育力度，以家庭农场、农民合作社、农业龙头企业等新型农业经营主体领办人和骨干农民为重点，强化能力素质培训、生产经营服务、产业政策扶持等，突出内部挖潜增效，促进农村实用人才队伍成长壮大。

昌邑市党委政府充分发挥党组织引才聚才的优势，通过搭建平台、强化激励，真正实现"吸引人才到乡村"。建立有效的激励机制，制定乡村人才振兴"黄金 10 条"，出台《关于推进乡村人才振兴的若干措施》，不断优化人才发展环境，全面兑现落实招才引智和人才创新创业各项激励政策，落实领导干部和人才工作联络员"双联系、双服务"高端人才制度，积极帮助解决问题，全程提供行政审批、项目申报等服务，确保人才引得进、留得住、用得好。对企业、乡村医院、乡村学校新引进的硕士研究生，以及来昌邑自主创业的，给予每人每月1500元生活补助，期限3年；对于企业新录用的本科毕业生，以及来昌邑自主创业的，给予每人每月500元生活补助，期限1年。

二、加强党组织建设，发挥引领示范作用

实现新型农业经营主体崛起，最终要靠村里党员和党组织的积极性创造性的发挥。乡村党组织是各类组织的核心，乡村组织振兴的首要任务是振兴党组织机构。工作中，昌邑市加大了对村党组织书记和党员的培训力度和科学管理工作。在党员队伍建设上下功夫，做好党员的发展培训和管理工作。

第一，加大在优秀青年农民中发展党员力度。建立"151"发展党员工作质量保证体系，实行"双政审双公示五联审"，从源头严把党员"入口关"。实施发展党员优化工程，将发展名额重点向高知识群体、中青年骨干教师等领域倾斜，持续优化党员队伍整体结构。建立农村党员定期培训制度。实行党员全员进党校三年行动计划，以提升培训质量为重点，严格结业考试制度，有效解决了个别党员培训走过场的问题。严格农村党员发展和教育管理，持续推进党员进县级以上党校培训工程。深化农村党员积分制管理，引导广大党员在推进乡村振兴中当先锋做表率。稳妥有序地开展不合格党员处置工作，着力引导农村党员发挥先锋模范作用。

第二，定期举办村级党组织书记村委会主任培训班，强化换届后新任村干部培训。2018年3月下旬分类举办全市村党组织书记、村委会主任、其他村"两委"成员、村务监督委员会主任、村会计共5个培训班，带动镇街区对全市所有村务监督委员会成员、村民代表等进行全员集中培训，切实提升履职能力。制定出台驻村第一书记重点任务清单和考核办法，组织分两批进行现场观摩，督促第一书记全身心投入包村帮扶工作，当好实施乡村振兴战略的"尖兵"。培训以全面从严治党、民主管理和村级事务管理、联系服务群众、发展壮大村级集体经济和基层矛盾化解调处为专题，

以提升村主职干部素质能力水平为重点，从基层实际和问题现状入手，邀请山东省农村工作方面的专家、潍坊市委党校教授、兄弟县市优秀村支部书记等进行了系统授课，内容既有业务讲解，又有专题辅导，还有经验介绍，涉及面广，针对性强，真正做到了让学员听得懂、学得会、用得上，为进一步做好村级各项工作提供有效借鉴。

第三，进一步加强村干部队伍建设。实行村党组织书记分类培养工程，遴选30个经济强村书记实施高端培训，对50个特色产业村书记实行专业化培训，帮助提高引领发展、服务群众的能力。通过组织优秀村党组织书记赴江浙一带进行"乡村振兴"高端培训，集中研讨和现场观摩，帮助他们开阔视野，提升能力素质。实施新任村干部"镇带村、强带弱、老带新"培养工程，建立"百名致富能手、百名乡贤人才、百名在外能人"后备村干部库。实施农村带头人队伍整体优化提升行动，注重吸引高校毕业生、农民工、机关企事业单位优秀党员干部到村任职，选优配强村党组织书记。

第四，全面落实村级组织运转经费保障政策。在压实责任上下功夫，确保基层党建任务落地落实。抓好责任传递，制定抓基层党建工作"三个清单"，压紧压实各级党组织书记"第一责任人"职责，同时建立抓党建工作"一岗双责"清单，构建起齐抓共管的工作格局。抓好履职尽责，扎实开展党组织书记抓基层党建述职评议考核工作，对述职中排查、点评的问题，建立整改台账，确保解决到位。推行村级小微权力清单制度，加大基层小微权力腐败惩处力度。严厉整治惠农补贴、集体资产管理、土地征收等领域侵害农民利益的不正之风和腐败问题。实施党组织书记抓基层党建工作突破项目。抓好督查问效，狠抓关键环节和重点工作，通过日常督查、抽查暗访和定期调度等形式，有力推动了基层党建工作重点任务落地落实。建立月度督导、季度交流、半年点评、年终述评"四位一体"督查机制。

第五，强化农村基层党组织领导核心地位，创新组织设置和活动方式，持续整顿软弱涣散村党组织，建立选派第一书记工作长效机制，全面向贫困村、软弱涣散村和集体经济薄弱村党组织派出第一书记。同时构建镇街和村党员流动机制，扎实推进抓党建促乡村振兴，突出政治功能，提升组织力，抓乡促村，把农村基层党组织建成坚强的战斗堡垒。持续推动工作力量下沉，推动480名（占62%）镇街工作人员到一线服务党员群众。健全从优秀村党组织书记中选拔乡镇领导干部、考录乡镇机关公务员、招聘乡镇事业编制人员制度。村党组织成员和镇街工作人员的互相流动，有效地调动了相关方面的积极性。

第六，实行村级党组织"星级化"管理。昌邑市认识到，乡村党组织是解决乡村社会所有问题的关键。昌邑市自2017年以来，围绕过硬支部建设，在昌邑全市农村实行党组织"星级化"管理，通过评星定级、争先晋位，着力打造推动实施乡村振兴战略的坚强战斗堡垒。

设置评星标准。将昌邑全市村级党组织划分为五星、四星、三星、二星和一星5个等级。按照"五个过硬"党支部要求，从班子建设、党员管理等12个方面，细化分解47项具体标准要求，并按百分制赋分；设置特色工作加分项和10个一票否决项。得分在90分以上、80分以上、70分以上的，分别可参评五星级、四星级和三星级党支部，出现一票否决情形的，直接确定为二星级以下党组织。

规范定级程序。实行承诺争星、自我认星、群众议星、镇街定星、上级审星的"五步评星法"。年初，各村级党组织确定争星目标并作出公开承诺。每季度，村级党组织进行自我评估，接受党员群众评议。年底，由镇街党（工）委和农村社区党组织根据日常了解和年度考核情况，打分并初步确定星级等次。市委组织部进行督查抽查，最终确定星级等次。星级党组织实行总量控制、动态管理，每年评定一次。

强化指导督查。组织部机关干部通过参加阳光议事日等方式每月到村指导一次，镇街领导班子成员、指导员进行常态化指导，推进争星承诺事项落实。采取市镇联合督查的方式，由市里成立3个组每月直接到村随机督查，各镇街之间每半年进行一次相互督查，督促工作推进，查找整改问题。

突出结果运用。将星级作为村级党组织、村干部参加各类评先树优的重要依据，与村干部日常考核、补贴报酬挂钩。按照星级确定党组织整改提升方向，对五星级村党组织重在巩固提高、长远谋划，打造示范品牌；对四星级、三星级村党组织重在查漏补缺、稳中求进，推动晋位提升；对二星级及以下的村党组织重在找准症结、比学赶超，实现争星晋级。经过努力，昌邑市80%以上的村党组织达到三星级以上标准。村级党组织变得坚强有力，乡村在实施乡村振兴战略就有了主心骨，有了积极作为和勇于担当作为的领导力量和推动力量。这在实践中取得了非常好的结果。

▶ 案例2.1

新型农业经营主体：潍水田园综合体

潍水田园综合体是由山东潍水田园农业发展有限公司投资50亿元建设的，涵盖农业文化旅游"三位一体"、生产生活生态同步改善、一二三产业深度融合、在北方地区可复制可推广的农业农村发展的新模式，是昌邑市唯一被评为省级试点项目。该项目坚持以乡村振兴战略为核心，促进一二三产业深度融合发展，塑造"四型"新产业、新业态。抓好"五大振兴"，发展六大产业。项目总规划占地面积20平方公里、总投资50亿元，建设周期为3~5年，规划建设核心区、生态景观区、辐射带动区三大区域。以创新、融合、绿色、共享的规划理念精心打造八薛庄、皇姜小镇、潍水童乡、齐鲁智农谷、现代农业示范区、研学教育六大板块。自项目落实以来，已建设钢架玻璃光伏大棚两座，高科技农业展示中心一座，金字塔日光温室三座，传统日光温室三座，购置鱼菜共生系统和高可以农业展示中心设备两套。

（一）助力乡村五大振兴

山东潍水田园综合体是新时代"三农"工作和实施乡村振兴战略的"平台"，以"创新、融合、绿色、共享"的规划理念，以第一产业为要素，以第二产业为核心，以第三产业为突破，以高科技和高技术为引领，实现一二三产业深度融合、农文商融合、产城人融合、城市发展与乡村文明融合，多元融合发展的乡村振兴"潍坊模式"。

1. 产业振兴

山东潍水田园综合体2017年同时被列为山东省新旧动能转换项目和潍坊市重点项目，对于加快新旧动能转换、推进区域发展和乡村振兴具有重要意义。项目与当地农民结成利益共同体，带动农民实现就业和致富，直接带动农民 2000 人就业，间接带动 1000 人就业，吸引返乡创业 300 人。同时潍水田园综合体也创造了新的模式，带动支持农民成立 20 个农民专业合作社，让农民广泛参与、充分享受到发展的红利，与当地农民结成利益共同体，实现资本性、资产性、劳务性、经营性模式的转变。专业合作社辐射带动周边广大区域，农民规模化种植特色农产品，实现一村一品。山东潍水田园综合体提供育种、资金、技术、机械、收购、加工、销售、物流服务，达到一二三产业深度融合，经济效益倍数增长。产业振兴包括现代农业产业、加工物流产业、大健康产业、养老产业、研学教育产业、文旅休闲产业六大产业，构建乡村产业体系，就是要坚持以农业供给侧结构性改革为主线，深入推进一二三产业融合，打造具有鲜明特色和竞争力的农业"新六产"，推动现有产业及载体转型升级，实现农业全环节提升、全链条增值、全产业融合。以空间创新带动产业优化升级，推动农业"新六产"发展，塑造终端型、体验型、循环型、智慧型新产业新业态。

在"新六产"发展上，山东潍水田园综合体依托昌邑独特的自然资源和历史文化优势，规划形成了六大板块。第一，旧村新颜，城乡共赢。山东潍水田园综合体改造规划区内的原始村落，盘活大量闲置和不良资产，提高农民生活品质和富裕。根据村庄特色发展不同经营方式，房屋改造成民宿、酒吧、烧烤吧、咖啡吧等，与当地农民结成利益联合体，带动农民致富，实现资产性和经营性收入。第二，建设皇姜小镇，突出昌邑"中国姜都"的美誉，以文旅为中心，以姜文化为特色，围绕"艺术、生活、创新、休闲、养生"，打造集文化体验，古方康养，景观科普，田园休闲，创新创业，归田园居为一体的文创小镇。第三，建立潍水童乡。潍水童乡以研学基地和农事田园为基础，发展农业旅游、农事体验、儿童研学、种植采摘等田园休闲产业，集中建设研学基地、军训基地、梦幻王国、艺术公园等项目，是青少年教育体验、家庭游玩观赏的一站式目的地。第四，打造齐鲁智农谷，以互联网＋现代农业形式，加快农业物联网、大数据平台、云计算、区块链、农业电商、物流等技术在农业的生产、经营、管理和服务等领域的广泛应用，并以智慧农业建设为突破口，在实践中探索出一条引领现代农业发展的新道路。第五，建立现代农业示范区，以循环农业、创意农业、农事体验、共享农业、智慧农业为支撑，颠覆传统种植、收割、销售的传统模式，以空间创新带动产业优化升级，推进农业"新六产"发展，塑造终端型、体验型、循环型、智慧型新农业新产业，实现农业产业化的升级，创造新的齐鲁样板。第六，实现研学教育相统一。潍水田园积极探索教育创新产业模式，首创"田园研学"新模式，成立研学基地、军事训练营、武术培训营、素质拓展营，涵盖国学类、科普类、体验类、创意类等多元教育模式，并联合国内知名学校合作办学，包括幼儿园、小学、中学一站式教育，重点发展研学、体验、科技、国学、农民技校、老年大学等一体的大教育产业。

2. 人才振兴

山东潍水田园综合体改造规划区内的原始村落，盘活大量闲置和不良资产，根据村庄特色发展不同经营方式，带动农民致富，改变农村现状，吸引返乡创业；山东潍水田园综合体支持村委成立劳务公司，由劳务公司派遣到项目就业，提高农民收入，增强村委的凝聚力、组织力和号召力；吸引高科人员研发、创新、创业；山东潍水田园综合体，结合农民的实际情况及意愿，通过企业让利、土地代耕代种、房屋租赁经营、国家补贴等形式，实现规划区内 65 周岁以上农民享受不掏钱养老服务，此模式将有效解决农民的后顾之忧和社会问题。

3. 生态振兴

2017 年 10 月 18 日，习近平同志在十九大报告中指出，坚持人与自然和谐共生，必须树立和践行"绿水青山就是金山银山"的理念，坚持节约资源和保护环境的基本国策，像对待生命一样对待生态环境，统筹山水林田湖草系统治理，实行最严格的生态环境保护制度，形成绿色发展方式和生活方式，坚定走生产发展、生活富裕、生态良好的文明发展道路，建设美丽中国，为人民创造良好生产生活环境，为全球生态安全做出贡献。山东潍水田园综合体，坚持以"绿水青山就是金山银山"的理论为基础，塑造农村新生态，实现农村美、农民富、农业强的发展目标。坚持绿色生态发展，改进农业生产方式，攻坚农村环境污染防治，推进"厕所革命"，创新农业绿色发展之路，增强乡村振兴的恒久生命力，强化农村人居环境综合整治，为老百姓创造宜居宜业的生活环境。

4. 文化振兴

乡村文化凝聚着乡土人文之美。推进城乡文化融合，围绕激活文化基因、厚植文化根脉，深入挖掘提炼乡村文化和农耕文化，大力传承"孝""诚""礼""义"等社会正能量，全面提升农民群众精神风貌，增强乡村振兴内生动力，提高农民文化成果和精神风貌的获得感、幸福感。潍水田园综合体建设研学基地，军训、消防、体能、拓展、科技、体验等基地，配套萌宠、国学、外语、创意等多元教育模式，将寓教于乐的体验教育、素质教育等融入自然童趣中。以文旅为中心，以姜文化为特色，围绕"艺术、生活、创新、休闲、养生"，打造集文化体验、古方康养、景观科普、田园休闲、创新创业、归田园居于一体的文创小镇。弘扬中华文化，结合"自然为师，农耕为本，汉学为源"的文创理念，延伸至体验、论坛、比赛，并带动儒家文化的亲子体验、活化教育、成人礼等古文化体验。

5. 组织振兴

组织振兴是乡村振兴的保障。潍水田园综合体入驻后，与潍水村委会形成了良好的互动，潍水田园综合体承担了一部分村集体的责任，如在村里建设广场、道路等基础设施，实行绿化，设立养老院，为村民集体盖楼房等，相当于一部分村集体的公共服务由潍水田园综合体来承担，有效地改善了依靠村组织提供服务面临的资金瓶颈。此外，潍水田园综合体还帮助村民成立了合作社，结合生姜种植发展订单农业。对于村集体，在村集体安排下统一进行土地流转，与潍水田园综合体签订土地流转协议，提高了决策效率，村集体还代表村民与潍水田园综合体打交道，维护村民利益，协调村民行动。

（二）积极发挥平台作用

要实现农业产业振兴，首先要改变过去的小农经营模式。小农经营是建立在我国家庭联产承包经营责任制基础上的基本经营模式，也是符合我国文化传统的生产方式。但产业振兴对农业发展提出了更高要求，产业振兴要实现的是农业现代化，是资金、技术密集型的农业，特别要推动农产品深加工、农业科技服务的大发展，实现一二三产业融合。经过多年改革开放，城市积累了较多的资金和技术和人才，并具有经营管理优势，这些都可以外溢到农村，助力乡村产业振兴，从而破解农业农村发展面临的技术、资金、人才短缺难题。

从乡村振兴最基层的执行层面来说，农业发展必然涉及以村为单位的农户组织，在原来家庭联产承包责任制下，传统农业以小户经营为主，已经无法适应现代化农业对接大市场、实现资金技术密集型的现代农业发展的需要。在以村为单位的基层中，农户可以组成合作社形式的农业产供销组织，这是一种重要的发展方式，但就合作社本身而言，往往缺乏足够的资金技术实力，需要外部组织的帮助。还有一种方式是以村为单位组织农村新型集体经济，从而把"统分结合，双层经营"中"统"的一面更充分地表现出来，而新型集体经济对村委会领导班子的素质提出了较高要求，集体资产的积累也需要一个过程。从现实出发，利用资本下乡，以田园综合体的方式尽快发挥其资金、技术、人才、管理的优势，发展现代农业，可以成为乡村振兴的一个有力工具。田园综合体作为乡村振兴有力工具的最大体现在于，它可以为乡村振兴战略规划的方方面面提供一个落实这些规划的载体，成为新时代"三农"工作和实施乡村振兴战略的一个"平台"，在这个平台中，乡村振兴的规划得以落地，避免陷入规划甚好却无从落实的局面。

因此，田园综合体要成为落实乡村振兴规划的载体，首先要能承担起推动产业兴旺的功能。以生姜加工为例，昌邑是"中国姜都"，清乾隆年间，昌邑生姜已作为贡品，发展生姜种植及深加工具有得天独厚的条件，生姜产业年产值达到150亿元，前景广阔。潍水田园综合体在姜产业深加工上发挥现代农业科技优势，通过冷链、物流、科研、电商、金融的组合，实现产业链相加、价值链相乘、供应链相通的三链重构，最大限度实现姜产业深加工的价值增值，并能带动昌邑乃至山东中北部的生姜加工和物流配送。

潍水田园综合体支持帮助农民成立了多个农民专业合作社与项目合作，这是潍水田园综合体作为"公司＋合作社＋农户"模式的应用。带动支持农民成立了 20 个农民专业合作社，让农民广泛参与、充分享受到发展的红利，与当地农民结成利益共同体，实现资本性、资产性、劳务性、经营性模式的转变。潍水田园综合体提供育种、资金、技术、机械、收购、加工、销售、物流服务，达到一二三产业深度融合，经济效益倍数增长，带动农民实现就业和致富。

同时，山东潍水田园综合体通过六大产业体系构建，发挥平台优势，与潍水村委会形成了良好的互动，并承担部分村集体的责任。如在村里建设广场、道路等基础设施，实行绿化，设立养老院，为村民集体盖楼房等，有效地改善了依靠村组织提供服务面临的资金瓶颈。

此外，潍水田园综合体还支持村委会成立劳务公司，由劳务公司派遣人员到田园综合体项目就业，提高了农民收入；对于田园综合体项目的土地流转，在村集体安排下统一进行土地流转，与潍水田园综合体签订土地流转协议，提高了决策效率；村集体还代表村民与潍水田园综合体打交道，维护村民利益，协调村民行动。以上这些都大大增强了村委会的凝聚力、组织力和号召力。

▶ **案例 2.2**

新型农业经营主体：种植专业合作社与家庭农场

农业生产经营面临的一个大问题是土地碎片化，其对策是建立有助于土地流转的体制机制，而新型农业经济主体是重要载体。除了田园综合体，种植专业合作社和家庭农场，也是新型农业经营主体的重要组成部分，利于土地适度规模经营，从而提高农民从土地中获得的收益。昌邑市鼎力薄壳核桃种植专业合作社和青山庄园红岫家庭农场就是典型案例。

昌邑市鼎立薄壳核桃种植专业合作社休闲农业精品园区占地面积 4000 余亩，分为 9 大区，20 多个旅游点，着重突出生态、民俗两大重点。先后被山东省林业厅评为省级示范社、山东省龙头企业、山东省十佳专业合作社、山东省林业十佳专业合作组织、省级经济林标准化示范园、山东省特色经济林示范基地；被中国农科院、山东省果树研究所、山东省农业科学院、山东省林科院、山东农业大学、山东省聊城大学、辽宁省经济林研究所等多家农林科研机构认定为定点科研基地和新品种实验育种基地，开展产学研一体化等多形式科研活动。

合作社于 2011 年 10 月被 CCTV－7《每日农经》栏目、2013 年 3 月被 CCTV－7《科技苑》栏目、2013 年 9 月被山东电视台农科频道《乡村季风》栏目、2014 年 10 月被山东电视台农科频道《乡村季风》栏目、2014 年 11 月被山东电视台农科频道的《农科直播间》、2016 年 11 月被 CCTV－7《科技苑》栏目连续报道。

昌邑市鼎立薄壳核桃种植专业合作社抓住实施乡村振兴战略这一重大历史机遇，坚决贯彻上级决策部署，提高站位、开拓创新、真抓实干，围绕"做好产品、抓好产业、带好路子"的总目标，在建强核桃全产业链上做好文章、在上下游重点环节优势布局、精准发力，让名不见经传的"小核桃"有了"大起色"，既带动了自身产业发展，又实现了农民致富增收。合作社产品全部通过绿色食品认证，已带动种植户种植核桃面积若干亩，3 年以上的种植户都已取得良好的经济效益。

青山庄园红岫家庭农场位于昌邑市石埠经济发展区，东靠下小路、潍莱高速出入口，西傍潍河，南依 309 国道，北邻青山秀水旅游度假区，交通便利，区位优越，青山庄园总投资 4500 万元，占地面积 400 亩，于 2014 年 2 月开工建设，是一家集采摘品尝、休闲娱乐、旅游观光、农耕体验为一体的大型生态果蔬农业基地。

庄园现有大棚瓜菜采摘区、露天林果采摘区、农耕体验区、儿童自然科学体验区、蒙古包、有机自助餐厅等配套区域，各区域独具特色，适合不同年龄段的游客采摘游玩，享受田园生活。农耕体验区占地 80 亩，主要种植五谷、红薯、土豆、大姜、大白菜等。庄园有游客服务中心、生态停车场、购物场所、儿童乐园等设施，方便游客休憩娱乐。庄园现有的道路畅通、卫生，主要道路、采摘区和体验区有交通指示牌和说明牌。蒙古包能容纳 300 余人就餐标准，旅游厕所分布合理，数量上能够满足需求，厕所管理良好，清洁卫生。青山庄园红袖家庭农场被评为"山东省精品采摘园""山东省生态农业示范园"，解决了周边若干劳动力的就业问题。

第三章　昌邑市乡村振兴的资源禀赋

乡村振兴，产业兴旺是重点，必须坚持质量兴农、绿色兴农，以农业供给侧结构性改革为主线，加快构建现代农业产业体系、生产体系、经营体系，提高农业创新力、竞争力和全要素生产率，加快实现由农业大国向农业强国转变。乡村振兴，乡风文明是保障。必须坚持物质文明和精神文明一起抓，提升农民精神风貌，培育文明乡风、良好家风、淳朴民风，不断提高乡村社会文明程度。产业兴旺需要因地制宜，既要立足自然资源禀赋，也应发展壮大物质基础；乡风文明既要传承优秀文化基因，又要弘扬传统文化精髓。昌邑市着手推进资源开发与保护，文化传承与弘扬，实现了昌邑资源禀赋效能最大化。

第一节　立足自然资源禀赋，助力新旧动能转换

党的十八大召开以来，习近平总书记就中国特色社会主义生态文明建设的重大理论与实践做出系列论述，他明确指出，绿水青山就是金山银山，保护生态环境就是保护自然价值和增值自然资本，就是保护经济社会发展潜力和后劲，使绿色青山持续发挥生态效益和经济社会效益。[①] 这一论述揭示并强调了保护生态环境就是保护生产力，改善生态环境就是发展生产力。党的十八大将生态文明建设纳入中国特色社会主义五位一体的总体布局，并将其置于统领经济社会发展全局的战略性高度，强调在人与自然的有机统一基础上，将传统意义上相互独立的社会各领域有机统一起来，

---

① 《习近平谈治国理政（第三卷）》，外文出版社 2020 年版，第 361 页。

同时也要将自然环境与社会环境相统一。

在习近平总书记生态文明理论的指导下，昌邑市委市政府在推进落实乡村振兴战略的过程中，始终坚持以绿色生态为导向，振兴乡村生态，助力新旧动能转换，在保证人民对优美生态环境的需要同时，发展经济。

一、自然资源奠定产业发展基础

昌邑市地处山东半岛西北部，北临莱州湾，东界胶莱河，西与寒亭区、坊子区毗邻，南与安丘、高密接壤，市域纵长横窄中若蜂腰。总面积18.12万公顷，人均占地4.01亩，占潍坊市土地总面积的10.3%，占山东省面积的1%。其中耕地面积8.73万公顷，占昌邑市土地的48.2%，水域面积4.04万公顷，土地利用率达95.2%，高于潍坊89.3%的水平；昌邑市市域总面积1627.5平方公里，耕地面积131万亩，海岸线总长度53公里，海域面积664平方公里。广阔的土地资源为昌邑的农业发展提供了足够的空间。

昌邑市地表水包括潍河、胶莱河、虞河三大水系，多年平均径流总量约7.97亿立方米，其中客水流入6.6亿立方米。多年地表径流可利用总量2.65亿立方米，其中南部地区0.72亿立方米，中部0.72亿立方米，北部沿海地区1.21亿立方米。另外引黄济青、引黄济烟水渠从市域北部穿过，可利用水量为3400立方米。昌邑市地下水总储量约15.24亿立方米，浅层地下水一般在2~30米以内，深层地下水一般在35米以下，丰富的水资源吸引昌邑人民傍水而居，不仅保障了基本的生活需求，而且形成了丰富多彩的"潍河文化"。

为了加强环境治理和资源节约利用，昌邑市实行最严格的环境保护制度，构筑生态安全屏障。一方面昌邑着力实施山、水、林、田、湖生态保护和修复工程，提升自然生态稳定性和生态服务功能。实施大规模造林绿化，提升六大生态林场，完善"八横十二纵"骨干林带，5年内完成成片造林5万亩，新建完善农田林网15万亩，全市林木覆盖率达到30%。全面推行河长制，加强水生态保护。加快生态水利建设，推进水网建设、雨洪资源利用、河道生态修复和湿地保护，建成以潍河为枢纽的"渠河串联、河河串联、水系贯通"大水网体系。

另一方面，昌邑市大力深化"三八六"环保行动，实施产业提升绿色发展、清洁能源替代改造、农业面源污染治理等"十大工程"，强化大气、水、土壤污染综合整治。实行能源、建设用地总量和强度双控，完善节能、节地、节材、节矿倒逼机制，实施重点产业能效提升计划，促进资源高效集约节约利用。加强清洁生产，推进城市矿产、城乡垃圾等资源再利用，培植危废品处理、生活污泥处置、工业污泥发电等环保产业，发展循环经济，推广流程化大生产模式，促进企业循环式生产、资源高效化利用，推动龙池工业园争创省级循环经济示范园区。推行生态循环农业模式，发展节水农业和水肥一体化。深化水资源管理保护，积极推进中水回用，加快建设"海绵城市"，促进全民节水、全面节水、科学节水。

同时，昌邑立足水土资源优势，发展苗木产业，上演农业新旧动能转换的"重头戏"。昌邑市依托底蕴深厚的苗木产业，以供给侧结构性改革为主线，充分发挥绿博会的引领带动作用，积极扶持成立苗农联合体等行业协会，以产业高端化、产品标准化、经营集团化、会展专业化、"苗文旅"一体化为目标推动产业链向高增值、高科技领域延伸，形成奥孚苗木、昌邑北方花木城、立辉苗木等一批龙头企业，成功培育出了 14 个苗木新品种，5 个山东省林木良种，优选出紫藤、椴树、栎树、流苏等一批优秀乡土树种进行保护、繁育，推广容器苗栽培和标准化生产技术，擦亮了"昌邑苗木"名片，推动了农业新旧动能转换、提质增效，并进一步带动苗农增产增收，为乡村振兴提供了强力支撑。

昌邑在造林绿化、改善城乡生态环境的同时，积极推动林下经济发展，对元宝枫、海棠等特色苗木产品精深加工、深度开发，植物油、海棠酒、果脯、肉苁蓉等高附加值产品，力求林业综合效益的最大化。通过苗木产业的新旧动能转换、探索道路绿化模式改革等有力措施，昌邑的苗木产业发展注入了新活力，催生出推动乡村振兴的"绿色"动能。在国家乡村振兴战略的宏伟蓝图下，昌邑把"小苗木"作为杠杆，以可持续发展的作用力，撬起了人与自然和谐共生的"大生态"，让昌邑成为"北方绿都""生态名城"，也为乡村振兴"齐鲁模板"贡献出昌邑力量。

在保护和发展自然资源的同时，昌邑市委市政府结合美丽乡村标准化建设，将生态景区、生活社区、生产园区"三区"共建，打造农村新型生活共同体。昌邑市始终坚持以绿色发展引领生态振兴，强化农村环境综合整治，为老百姓创造宜居的生活环境。完善设施配套，以实施"七改"工程为抓手，推动地表水净化厂、丰泉水库等工程建设，加快农村危房改造工作，推进"厕所革命"。打造城乡环卫一体化，在全国率先探索实施城乡环卫一体化工作，实行委托管理、市场化运作，将城市环卫模式延伸到镇街、村（社区），构建起"无缝隙、全覆盖"的城乡环卫大格局。

二、矿业升级助力新旧动能转换

昌邑市矿产资源丰富，已发现矿产 17 种，占潍坊市已发现矿产的 21%，占全省已发现矿产的 12%：探明储量的矿产有 10 种，占潍坊市已探明储量矿产的 22%，占全省已探明储量矿产的 13%。已发现和开采的矿产资源主要有铁矿、地下卤水玻璃用石英岩、膨润土、黏土、大理岩、花岗岩、天然气等，其中铁矿预测资源量为 1.5 亿吨，已探明资源储量为 9848.60 万吨，保有资源储量 8413.18 万吨；天然卤水已探明资源储量为 16989.7 万吨，保有资源储量 14200 万吨；玻璃用石英岩已探明资源储量为 2739.34 万吨，保有资源储量 2395.82 万吨。

昌邑市已初步形成三大矿业开发区：北部地下卤水开发区、东部铁矿开发区、南部石英岩与建筑石料开发区。三大矿业开发区的形成为昌邑市矿产资源可持续发展提供了重要的资源保障。为保障矿产资源开采对经济社会发展的推动作用，昌邑市政府采取了多种方式。

第一，有效压减矿业权数量。2010 年底昌邑市设置探矿权 27 个、采矿权数量 97 个，至 2015 年底，已设置探矿权 7 个，数量较 2010 年压减 74.07%：采矿权数量 40 个，数量较 2010 年压减 58.76%。探矿权和采矿权数量均得到有效压减，保障矿产资源开发的责任保障制度更加完善。

第二，有效调整矿山规模结构。截至 2015 年底，昌邑市矿山总数为 40 个，其中大型矿山 11 个、中型矿山 6 个、小型矿山 23 个。大中型矿山占矿山总数的 43%。全市大中小型矿山数之比为 28∶15∶57，较 2010 年的大中型矿山比例 3∶25∶72 有显著提高，极大地提高了开采过程的安全性。

第三，开展矿山地质环境保护工作。昌邑市关闭重要交通干线两侧可视范围内露天矿山，对生态环境和景观影响较大的矿山已治理恢复，开展了矿山"三废"防治和水资源保护工作，防止矿区地下水资源和土壤遭受污染，实施了矿山地质环境治理恢复工程，完成了山东省昌邑市饮马镇杨家庄废弃铁矿区生态恢复与环境治理、山东昌邑市石埠经济发展区前史家村建筑用石料废弃采石矿矿山复绿项目，政府累计投入治理资金 820 万元，完成企业缴存矿山地质环境治理金 1500 余万元，累积恢复治理面积百余公顷，提高废弃物利用率，全市矿山废水排放量 5000 万立方米，循环利用量为 4500 万立方米，利用率为 90%；废石、尾矿排放量为 400 万吨，综合利用量为 364 万吨，利用率为 91%。

2016 年昌邑市政府发布《昌邑市矿产资源总体规划（2016—2020年)》，满足矿业结构调整和转型升级的需求。

一方面，昌邑市通过广辟矿产资源来源渠道，合理开发和保护矿产资源：既充分挖掘本地资源潜力，又积极开拓外部矿产资源供应体系；既开发利用传统能源矿产，又依靠科技进步开发利用新能源和替代矿产资源；既加强保护优势矿种矿业发展，又大力勘查昌邑富铁矿等紧缺矿产资源，贯彻实施区域经济协调发展方针；既挖掘陆地资源潜力，又加强海域资源勘查开发，实行陆海并进的方针。通过整顿和调整，昌邑市将形成三大矿业开发区：北部以溴盐为主，分布区域为龙池、柳疃和下营等地；东部以开发铁矿为主，分布区域卜庄、围子、饮马和石埠等地；南部以开发玻璃用石英岩、建筑石料等非金属矿为主，分布区域为围子、饮马和北孟等地。

另一方面，昌邑市努力拓展非金属矿产业链，提高附加值。广泛采用新技术、新方法及高新技术加工设备，大力提振矿业经济效益。加大科技创新力度，加快矿产资源绿色开发和转型升级步伐，既增加勘查投入，寻找与开发新的矿物原料产地，扩大勘查开发规模，又通过深化改革，科技兴矿、绿色办矿，加强生产管理，挖掘老矿山资源潜力，增加服务年限，改善环境状况，走内涵式发展道路。积极推进由粗放型向集约型转变，争取到 2020 年矿山总数再压缩 10%。继续提高大型矿山的比例，进一步提高矿产资源宏观管理能力和服务水平，充分激发市场活力，集中力量培育壮大山东昌邑灶户盐化有限公司、山东昌邑廒里盐化有限公司和山东黄金集团昌邑矿业有限公司等骨干企业。培育盐化工、精细化工等主导产业，建立绿色环保型矿山企业，助力构建矿产资源管理新体制新机制。

第二节　弘扬优秀文化，拉动经济发展新引擎

昌邑历史悠久，拥有深厚的文化资源。据统计，昌邑全市已拥有不可移动文物保护点 784 处，数量列全省第三，市博物馆馆藏文物 8.7 万件，列全省第十，拥有省级非物质文化遗产项目 6 项，潍坊市级非物质文化遗产 24 项，昌邑市级非物质文化遗产 79 项。昌邑市在归类总结的基础上，通过擦亮红色文化、传统文化和丝绸文化名片，重点打造具有特色的地域文化新品牌，不仅保护、传承了优秀的文化传统，更为经济发展提供了新的增长点。

一、弘扬革命精神，传承红色基因

革命战争年代，中国共产党和中国人民用鲜血和汗水孕育出鲜明独特的革命文化。昌邑北部沿海地区素有"渤海走廊"之称，抗日战争初期，是中共中央、山东分局连接胶东抗日根据地的红色交通线，战略意义十分重要。抗战期间，这里进行过大小数百次战斗。整个解放战争期间，昌邑有 8000 多名青年参加了解放军，仅 1948 年 9 月就有 4000 余人组成担架队和小车运输队支援淮海战役，之后又有 1400 多名民兵随大军南下参加了渡江战役。2016 年，昌邑市被评为全国双拥模范城。

为打好"传承牌"，激发红色文化活力，昌邑市大力推动乡村记忆工程与历史文化展示工程，充分发挥农村红色资源优势，修缮建设胶北特委旧址、卜庄抗战纪念馆、龙池齐氏家风家训馆、马渠村史馆等传统优秀历史

文化展馆，修缮维护王滨故居、峻青事迹陈列馆、李福泽故居、昌南县委旧址、龙池抗战烈士祠、齐氏家风家训馆、姜泊古民居、胶北特委旧址、陈干事迹陈列馆和于恩波纪念馆等革命教育基地，构建起"北有龙池抗日战争纪念馆、东有卜庄胶北特委纪念馆，中有市党史馆，南有饮马烈士祠"的红色文化旅游新格局，全力打造"红色生命线——渤海走廊"党史党性教育基地。建设 34 处现场教学点，健全完善"1·10·200"红色展馆群总体布局（"1"即 1 个主体展馆，也就是渤海走廊革命斗争陈列馆；"10"即10 个专题展馆，包括抗日殉国烈士祠、李福泽事迹陈列馆等；"200"即用5 年时间建设 200 处红色村史馆），充分发挥"互联网＋"、大数据技术的教学支撑作用，着力打造主题鲜明、效果明显的党性教育培训体系。

昌邑市还将打造红色文化村史馆纳入乡村振兴战略统筹规划、协调推进，围绕"传承红色历史，汲取前进力量"，充分挖掘农村红色资源，着力打造红色村史馆展馆群落。"红色与美丽互彰，史馆与乡村相融"，是昌邑市打造红色文化村史馆遵循的基本原则。红色文化村史馆的打造必须与乡村文化建设、过硬支部创建和美丽乡村建设一体规划。通过举办文化下乡、村史展览、红色旅游等方式，让党员群众近距离感悟红色文化。实施党史记忆抢救工程，组织专门力量走访全市新中国成立前的老党员、老战士、老模范，编印《听老革命讲那过去的事情》两辑 6 万册，作为党员干部党性教育教材和中小学生爱国主义教育教材。为打造高品质的红色村史馆，昌邑市成立了 12 人的专业指导组，明确了以坚定理想信念为核心，突出党性教育、政德教育、信念教育和家风教育"一核四面多点"的建设思路。为更好地宣传昌邑红色文化，昌邑市委市政府专门拍摄了《渤海英魂》《爱在潍水》《行军日记》等 5 部教学片，作为党员干部党性教育教材。

同时，昌邑市通过举办文化下乡、村史展览等方式，带动党员群众近距离感悟红色文化，营造崇尚英模、弘扬正气的浓厚氛围；通过配套抓好路、墙、亭、馆等要素建设，大力推进移风易俗，推动了整体基础设施的提升和村风民风的转变。昌邑市组建红色村史宣传队 20 余支，带动新增乡村文化活动 900 余个，新增特色旅游村、生态文明村 16 个，72 个村创建为和谐文明村，70% 的村镇达到市级及以上文明村镇标准。

二、保护传统文化，振兴现代文化产业

中华优秀传统文化是我们最深厚的文化软实力，也是中国特色社会主义植根的文化沃土。潍坊市第十二次党代会提出建设"文化名市"的部署，昌邑市委市政府认真学习习近平总书记关于传统文化的精神和潍坊市相关政策，积极推进昌邑文化名市建设。

第一，"培育战"培强传统产业。昌邑市集中力量培育了 4 家重点文化产业园区、10 家骨干文化企业、10 个重点大项目、8 大优势文化产业，拥有省级文化产业示范基地 1 处，市级 2 处，产业集群效应初步显现。例如，昌邑市传统工艺作坊已发展到 100 多家，吸纳社会劳动力 2 万余人，主要从事的项目为毛笔制作、土陶烧制、草编蒲编、碑石雕刻、砖雕古建、酱菜香油、面食锢艺等，这些项目将非遗融入现代生活中，带动群众脱贫致富，推动了乡村振兴战略的实施。

第二，"升级战"激发发展活力。一方面，推动文化产业与"互联网＋"融合发展，用互联网技术升级传统文化。大力发展文创产品开发、数字影城等文化消费产业，建成 3 座数字影城，开发人文旅游项目 12 个。另一方面，探索开发非遗传承体验式基地、古镇古村落保护开发等新兴文化产业。各镇、街、区建设镇（街、区）史馆及地方名人纪念馆，并鼓励有条件的村庄建设反映村庄变迁发展历史的村史馆，保存文化记忆，发挥教育作用。马渠、火道、于部等十余个村庄已建成村史馆。这两方面的努力促成了文化消费品牌引领战略，成功举办了绿博会、梨花节、龙乡文化节等重大文化活动，最终打造了主题鲜明的文化消费活动品牌。"升级战"颇具成效，2016 年，这个市共接待游客 330 万人次，实现文化旅游消费总额 34 亿元。

第三，"传承战"积淀文化韵味。昌邑市深入实施文化惠民工程，大力推进文化产业发展，培育新时期昌邑精神，崛起文化发展新高地。2018年以来，昌邑市根据制定的《2018 年度"魅力昌邑·浓情四季"群众文化活动实施方案》，倾力打造群众文化活动品牌，组织"国学与育儿"公益讲座、青少年"爱昌邑·爱我家"新春诵读会等一系列读书活动，举

办"不忘初心，继续前行——毛泽东书信墨宝展"，给百姓送上丰富的文化"大礼包"。全方位宣传推介，通过高端平台推广昌邑地域特色文化。与中央电视台共同拍摄《远方的家》和《中国影像志·昌邑篇》，专题片《昌邑寻鲜——来自大海的美食》在央视七套播出。编印《文化昌邑》宣传画册，启动拍摄昌邑城市形象宣传片，组织开展纪念改革开放40周年系列文化活动，提升昌邑知名度。积极促进文化旅游融合发展，制定印发《文山潍水文化旅游系列活动方案》，青山秀水旅游度假区、博陆山风景区、"龙乡水韵·千年古村"等景区不断完善提升，潍河70公里生态文化旅游长廊初具规模。

三、创新丝绸文化，加快产业转型升级

昌邑的丝绸伴随着中国丝绸的产生而发展，迄今已有3000多年的历史。历史上的昌邑人民在通过丝绸获得经济财富的同时，也建立起与世界的联系，据此形成的丝绸文化不仅是昌邑百姓安居乐业的物质基础，更形成了极具地域特色的现代产业链。昌邑市在积极学习党中央关于传统文化的精神后，不断创新丝绸文化，以之为依托，升级了丝绸产业，并推动了金融业发展，真正做到了与时俱进，满足现代昌邑的发展要求。

昌邑的丝绸以"轻薄如纸，柔轻如绵，坚固耐穿"闻名于世。以其质地柔软、色泽鲜艳而成为炙手可热的上品。清末民初，昌邑的丝绸产品受到国内外人们的欢迎，远销欧美、日本、东南亚等地，开创了昌邑市丝绸的"海上丝绸之路"。中华人民共和国成立后昌邑丝绸业迅速发展，出现了"放来灯火多如星，村村户户机杼声"之盛况，之后又成立了地方国营丝绸厂，开始规范化生产。1956年，柳疃镇的八家私营绸庄商号合营，建立了供销合作社柳疃丝绸经营店以及昌邑丝织一厂（之后演变发展成为现在的华裕丝绸有限责任公司），柳绸正式走上了现代化企业发展之路。

（一）绸乡新韵，丰富和升级丝绸产业

清末民初时期，柳疃的柞丝丝绸业发展到鼎盛时期。清代王元廷《野蚕录》对当时柳疃的繁荣有着详细的记述："今之茧绸，以莱为盛，莱之昌

邑柳疃集，为丝业荟萃之区，机户如林，商贾骈陛，茧绸之名溢于四远。"1916 年，柳疃商务会在街北小龙河上，树有"万善同归"石碑，仅碑阴所刻捐款的商号、炼房、店铺就有 140 余家，足见当时柳疃丝业的发达和商贸的兴旺。这些商号将原料发放给乡民，让其缫织，再根据乡民织造的质量等级和加工时间进行结算，每月月底或季末结算。一方面，这种家庭手工业吸纳了农村剩余劳动力，为乡民农闲时提供了副业，提高了当地乡民的收入水平；另一方面，极大地降低了商号购买设备单独进行生产的成本，逐步建立起生产社会化、销售专业化的生产模式，这一产销相连的经营方式对柳疃丝绸的规模化生产经营起到了极大的促进作用。

柳疃丝绸配丝合理、经纬匀称，不仅畅销国内，还远销印度、澳大利亚、法国、英国、日本等地，不仅用来做衣物，由于其坚韧耐磨，也用来做飞机、汽车的坐垫等。1933 年，柳疃丝绸受邀参加"芝加哥百年进步纪念世界博览会"。随着出口数量、范围的扩大，大批柳疃人前往世界各地经营丝绸行业，昌邑也因此成为著名的"华侨之乡"。

民国中期之后，由于多种原因，柳疃丝绸业开始逐步衰落。一是外国织造机械的改进极大地降低了丝绸的生产成本，削弱了柳疃丝绸在价格上的竞争优势；二是当时南洋日英属地复行重税，对柳疃丝绸出口进行抵制；三是由于战争原因，东北的原料基地被日本攫取，导致柳疃丝绸成本上升、质量下降。尽管商户、织户积极改进丝绸工艺、提升质量，但依然无法与低价的机造丝竞争。考虑到该行业从业者多为当地百姓，为防止行业衰败增加社会不安定因素，当地政府及海关及时为柳疃丝绸业减免税收，保证了柳疃丝绸能在时代的浪潮冲击下发展至今。

丝绸文化作为昌邑文化的重要组成部分，不仅为百姓谋生之用，更是我国优秀非物质文化遗产的代表之一，是昌邑地域文化的重要元素。为了传承丝绸文化，昌邑市积极挖掘丝绸历史，融合现代产业和旅游元素，打造现代旅游名片。

昌邑市华裕丝绸有限责任公司作为柳疃丝绸技艺项目的保护单位，为了传承昌邑古老的丝织技艺的核心技艺，一方面向社会收集整理传统木织机 18 台及配套附机，聘请丝绸织造老艺人 20 余人，加工生产传统丝绸产品，把柳疃丝绸技艺完整地保存下来；聘请杭州老艺人利用特殊染料，经过多种程序，实现了将纯手绘图案落到老丝绸上，生产出的丝巾色彩明丽，供不应求。另一方面积极发展现代化生产模式，引进国外进口剑杆织机80台，每年推出丝绸新产品100多个，产量300万米，并创立了山东省著名商标——"雅风牌"，实现转型升级，年产值达6500多万元，成为山东省丝绸生产及出口的重点丝绸企业，也成为柳疃镇推动乡村振兴的典型代表。

为了配合政府打造形成一面多点的丝绸工业文化长廊，塑造丝绸文化旅游名片，华裕丝绸有限责任公司于2012年投资150万元建立了集技艺展示、技艺介绍、培训宣传、游客体验为一体的柳疃丝绸文化传习中心；2014年又投资200多万元，新建茧绸博物馆，用于专门收藏、研究和展示昌邑丝绸，通过传习中心和博物馆的形式把柳疃丝绸技艺完整地保存下来。同时华裕也积极与当地政府、旅游部门合作，发展现代丝绸文化休闲旅游业，加大推介宣传力度，把丝绸文化博览园建设成一个休闲文化旅游项目，供人们参观、学习、考察和购物，年接待各地参展人员2万余人。

为了更好地带动辖区内农户脱贫，华裕积极开展丝绸技艺培训班，培养学员300余人，将传统技艺手把手教给辖区贫困户，为贫困户提供就业机会，带动辖区内1000余人就业。另外，从丝绸原材料入手，以特色种植为切入点，开设培训班，推广种桑养蚕技术，在潍河两岸建设果桑种植区和叶桑种植区。果桑种植区重点发展休闲观光农业，配套建设桑葚采摘体验园和娱乐功能区，让人们在游玩之余既能亲身体验采摘的乐趣，又能感受养蚕缫丝的历史文化底蕴。叶桑种植区主要发展养蚕缫丝技术，实现将丝绸产业链条延伸到原材料环节，完善供给结构和增加土地产出效益。辖区内有3000余人参与了种植桑树，人均年收入增长6000元。柳疃镇开始沿潍河大堤建设"万亩桑园"，为当地村民开辟生态致富路，也成为推动乡村建设的文化品牌，成为当地生态经济发展的新模式。

（二）金融世家，开创和繁荣金融产业

昌邑丝绸文化的繁荣也带来了昌邑金融服务行业的昌盛。1902年，为了便于昌邑丝绸的大规模交易，清政府在柳疃镇设立了邮局，不仅用作信函交流，同时也是货币汇兑、丝绸交易的活动地。白银交易的活跃使得昌邑成为周围县市的金融中心。《野蚕录》记载："其银价比邻境恒低一二百文，邻境之购银者，无不唯柳疃之是趋，以区区一市镇，而有炉房八家，其输入者可知矣。"

在金融业发达的昌邑，又有一个极具代表性的家族——以"五大功"为代表的姜姓家族，这个家族不仅善于经营烧锅、油坊、百货商场、丝绸，更是开创了我国四大钱庄之一的功成玉钱庄，其金融网点遍布东北及山东省各大城市、口岸，雄厚的金融资本，对开拓"近代海上丝绸之路"做出了突出的贡献。

清嘉庆年间，为生活所迫、远赴吉林谋生的姜泊姜家兄弟以当铺起家，积攒一定资本后，1835 年将吉林敦成银号兑下，以资本 40 万吊设立功成玉钱庄，利用闯关东百姓频繁向关内汇钱的时机，开展金融汇兑、代理买卖货币、存放款贴现、贷款、储蓄等业务。至 1931 年，在全国 17 个大中城市设立分号，业务遍布北方各省，与山西的日升昌票号、北京的四大恒（恒利、恒和、恒兴、恒源）和上海的浙绍公所成为全国著名的四大钱庄。

作为昌邑首富、金融巨擘，"五大功"通过覆盖大半个中国的金融业务网络，不仅为"近代海上丝绸之路"提供了资本支持，更是为昌邑百姓提供了便利。在 20 世纪 20 年代，钱庄主要服务于当地的丝绸产业。昌邑丝绸行业的发达使得棉纱不仅可以用于织布生产，还可作为货币进行流通，尤其在战争爆发后，棉纱成为布商支付、储存的载体，以避免货币贬值的风险，钱庄也因此兼营钱业和线业，并根据百姓、商人的需要随时转换。但在"七七事变"后，为应对日本倾销棉纱，昌邑的钱庄纷纷改做金融业务，并以黄金作为商业活动的交易货币，维持当地的金融秩序，保障百姓的日常需求。这一为民服务的传统在现代昌邑也得以传承。

乡村振兴战略实施以来，为了建立扶贫开发长效机制，昌邑市不断提升农村金融工作服务，在全省率先推出土地承包经营权抵押贷款业务，启动"惠农通"工程，构建物理网点、电子渠道、"惠农通"服务点、助农取款服务点"四位一体"的农村金融服务平台，打通农村金融服务"最后一公里"。2017 年，建立农村金融消费维权联络点 542 个，实现农村金融消费维权联络点乡镇全覆盖、重点社区全覆盖、人群密集区全覆盖，为维护农民合法权益提供了有力保障。

为满足昌邑商户的发展诉求，昌邑市也大力推动金融改革发展。健全政银企合作机制，强化金融产品创新，为中小企业搭建综合金融服务平台，鼓励企业利用债券、股市、挂牌等资本市场提高直接融资比重；通过引进银行、保险、担保等金融机构，发挥政府融资性担保公司作用，提高金融服务实体经济效率，强化金融市场的风险防控能力。

丝绸文化滋养了昌邑地区浓厚的商业文化氛围和敢于吃苦、勤于实践、勇于创新、诚实守信的昌邑精神，这既是昌邑人民的精神财富，也是影响昌邑现代及未来发展的重要因素。昌邑市积极创新文化在经济社会中的作用，极大地促进了文化产业链的延伸和现代服务业的融合发展，真正做到了传统文化"随时代而行，与时代同频共振"。

第四章 昌邑市乡村振兴的公有制经济基础

自秦朝确立郡县制以来，以县为单位的"块状"治理模式也逐渐确立。与省级、市级政府相比，县级政府对乡村发展状况更为了解，且更能够统一调配县级资源来助力乡村振兴。昌邑市政府整合人力、财力、物力，以县为单位，整体布局、整块推进公有制经济的发展，为乡村振兴提供了坚实的经济基础和物质保障。

第一节 国有经济的基础支撑

改革开放以来，国有企业在我国经济发展过程中起到了重要的作用，为中国特色社会主义制度的发展和完善提供了重要的物质保障，在关乎国计民生的多个领域中，国有企业充分发挥了主导作用，稳定了宏观经济发展，为国民经济的顺利运行提供了坚实的物质基础。具体实践过程中，基层或者县级国有企业对一个区域的发展具有重要作用，能够成为政府战略规划实施的重要抓手。乡村振兴战略是以县域为单位的全面振兴，涉及县域工作的多个方面，在昌邑市乡村振兴的实践过程中，以城投公司、金控集团为代表的国有企业在乡村振兴战略中起到了积极作用，为实施乡村振兴战略提供了重要支撑。

一、国有企业成为乡村振兴战略实施的重要抓手——以昌邑市城投公司为例

乡村振兴是一个系统工程，涉及产业振兴、人才振兴、文化振兴、生

态振兴、组织振兴五个方面，需要政府积极主动作为，统筹各方面的资源，从而形成合力。国有企业在基层工作中具有重要作用，能够根据政府的战略规划，实施有长远作用和全局意义的项目，这是其他所有制企业所不能实现的。在已有的研究和理论中，县级国有企业的作用往往被忽视，从昌邑市城投公司的实践来看，县级国有企业的作用是不应被忽视的。

城投公司是伴随着城市经济的快速发展、经营城市理念的普遍确立应运而生的产物，是城市资产市场化的有效载体。昌邑市城投集团紧紧围绕市委市政府制定的城市发展总体战略，承担城市建设融资、参与城市基础设施建设等职能，坚持改革创新，建立健全公司运行机制，攻坚克难，加快推进棚户区改造、市政公建等工程项目建设，切实加强资金要素保障，取得较好的成效。

（一）心系棚户区居民，着力推进棚改项目

昌邑市都昌街办棚户区改造项目的建设是一项体现党和政府关心人民群众疾苦、全心全意为人民服务的凝聚力工程，是改善人民群众生活环境质量、加快城市建设步伐、建设文明城市的需要，对于促进经济的发展和保持社会稳定具有重大的意义。但城区内还存在部分棚户区未实施改造的现象。配套公共服务能力低下、基础设施不齐全、交通不方便、治安和消防隐患大、环境卫生脏乱差等问题成为目前昌邑市城市环境开发建设中的薄弱环节，严重制约了城市发展的步伐。一是房屋年久失修。区内建筑物大多为 20 世纪 60～80 年代修建，以后逐步扩建而成，由于使用年代久，建设标准低，质量低。二是居民配套实施不齐全。现存建筑基础设施落后，环境恶劣。下雨天时，居民出行困难，若是雨水不能及时排出，甚至能倒灌进住户家中，严重影响居民的正常生活。同时，村庄内垃圾点少，厕所大部分为旱厕，环境卫生状况较差，一直是环境卫生整治过程中的难点。三是存在安全隐患。区内建筑均是当地村民自发修建，逐步发展形成成片区状的棚户区。在修建过程中因缺乏必要的监管，房屋之间成片修建，缺少足够的防火间距。

项目建设实施可腾空土地，昌邑市政府将按照市政建设规划要求统一进行出让和开发利用，将有效地缓解经济发展与用地不足的矛盾，促进昌邑市社会经济快速发展。项目建成后可以有效地改善昌邑市都昌街办辖区内后埠、前埠、东褚、南褚、北褚、长埠、吴庙、高道 8 个城中村棚户区居民的居住条件，能够促进和带动昌邑市城市化建设进程，完善配套市政设施和公共服务设施，有利于改善城市环境，集约利用土地，推进城市化健康发展。同时，项目建设有利于加快解决中低收入群众的住房困难，提高生活质量，改善生活环境，共享改革发展成果，提高党和政府的威信，增强人民群众的向心力和凝聚力。

（二）助推城镇发展，着力推进梨花水镇项目

梨花水镇一期项目建成后将为潍坊（昌邑）市民及山东省内外游客提供一处四季全天候的独特的城郊度假休闲胜地，完善了潍坊市现状旅游度假业态类型。通过游客资源，服务配套的全方位共享和联动，实现了博陆山风景区由 3A 到 5A 的提升，打造了潍坊市城市旅游新名片。本项目建成后还将成为潍坊市区域经济发展的新引擎，引领区域内观光游向休闲度假深度体验游的转型，并对加快城市服务业的发展起到积极作用。同时，此项目能够创造大量就业机会，提高了当地居民的收入，带动周边经济发展。据估算，景区、餐饮、商业、医院等设施将需要大量培训后工作人员，可产生约 1000 个直接工作岗位，是城市产业集聚、产城共融、城乡统筹的重要体现。

梨花水镇项目总投资 30 亿元，占地 6500 亩，规划建设博陆怀古、梨园飞雪、艺术田园、康养总部、滨水休闲、滨水居住等 6 大功能板块，该项目由国务院新闻办所属"视点文化"与昌邑市城投集团共同投资打造，于 2018 年 3 月签约，当年完成总体规划、土地征迁、手续办理、公司注册等各项环节，从初次对接到开工建设仅用了 7 个月时间。项目采用"公司＋基金"模式进行投资，北京视点（45%）、昌邑城投（20%）和山阳村办集体企业——潍坊博陆文化旅游有限公司（35%），三方合作成立山东国新视点文化旅游开发有限公司，负责整个项目的建设运营。视点鑫源文旅产业基金负责整个项目的融资，确保项目建设资金充足、可持续发展。

项目分三期建设，一期重点做好康养医、梨花、浇水、矿坑"四篇文

章"，实现主导产业、投资主体、发展模式"三个转变"。一是做好"康养医"的文章。在博陆山南侧建设占地 150 余亩的康养总部基地，从国家卫健委重点推广的慢病特色专科中引进 6 个特色专科，进行慢病调理和疑难杂症治疗。同时，拟与中国中医科学院广安门医院等机构合作，建立院士工作站，同步建设全国慢病培训中心，打造昌邑黄元御中医特色品牌，让人们享受到康养与景区游览的"双重体验"。二是做好"梨"的文章。充分利用树龄最长、规模最大、保存最完整的 2000 多亩千年梨园，深度做强"梨文化"和"山阳大梨"农产品品牌，增设观光火车等游览设施，让游客畅享"春季赏花、夏季游园、秋季采摘、冬季观雪"的"四季之美"。每年"梨花节"期间，举办"千年梨树见证千人婚礼"活动，通过视点文化的传播平台面向全球直播，打造"千年梨园文化"品牌。三是做好"水"的文章。潍河是潍坊的"母亲河"，对昌邑来说得天独厚、独一无二。将改变以前"沿河不用河"的现状，建设 23 公里景观水系，引入海河水将六大功能区串联起来，使整个景区呈现出灵动环绕之美，努力打造"江北乌镇"。四是做好"坑"的文章。利用占地 370 多亩、20 多万立方的两处矿坑，因地制宜，打造文旅引爆点。东部矿坑，投资 5 亿元，建设总建筑面积 10 万平方米的大型温室水主题公园，主要包括水上乐园、矿坑瀑布酒店、特色住宿餐饮、球幕影院等，游客完成全部体验需要 2 天时间。水上乐园由德国一家专业公司规划设计，利用引入的大水面，进行水秀表演，打造四季恒温、常年有水的主题乐园，解决我国北方冬季水上乐园结冰的难题。博陆山南侧矿坑建设 8 万平方米的"地心秘境"地质科普公园，由中央部委所属的地质博物馆共同打造，包括地球历险、地心探秘、VR 体验，以及全新感观的崖壁禅院酒店等内容。

　　"梨花水镇"的建设实现了三个转变。一是主导产业的转变。山阳村由搞矿产资源开发大力发展第二产业向重点发展第三产业转变，实现产业转型发展、融合发展。二是投资主体的转变。由村集体自有资金滚动开发建设博陆山转变为与中央部门所属企业合作，强强联手，引入外部资金投资，为产业转型发展注入强大动力。三是发展模式的转变。由以前靠不计代价地攫取资源式开发到践行"绿水青山就是金山银山"理念、进行保护性开发的转变，实现绿色发展、可持续发展，生态得到保护、经济得到发展，实现"双赢"。

计划用 3 年时间将"万福之地——梨花水镇"打造成为主题突出、中心辐射、山水相依、生态镶嵌，集现代高效农业、文化创意、精品旅游、康养体验等于一体的国家"5A"级旅游景区，将成为山东半岛、环渤海、青烟威海地区产业融合发展新高地、文化旅游隆起带、经济发展新引擎、乡村振兴新样板，预计年可接待游客 120 万人次，实现旅游总收入 5 亿元，利润 1.5 亿元。

二、国有企业对乡村振兴战略的支撑作用——以昌邑市金控集团为例

国有企业对乡村战略的实施还能够起到重要的支撑作用，金融支撑是重要的一个方面。昌邑市昌盛金融控股集团有限公司（以下简称"金控集团"）自成立以来，在市委、市政府的部署和领导下，始终以服务支持昌邑市实体经济发展，化解区域金融风险，助推区域经济结构调整和转型升级为宗旨。开拓进取．创新发展，不断完善金融业务布局，为区域内企业提供多元化金融服务，助力区域经济持续健康发展。

（一）聚焦担保委贷业务，解决企业的融资难问题

金控集团积极与市内各银行开展合作，通过担保委贷业务，加大对企业的扶持力度，缓解企业融资难融资贵的问题，帮助企业渡过难关，促进企业的经营和发展。截至 2018 年 10 月底，金控集团已经开展担保委贷过桥业务 158 笔，累计发生金额 10.85 亿元，服务中小企业 66 家，较好地支持了昌邑市中小企业的发展，金控集团将继续聚焦担保委贷业务，丰富担保委贷金融产品，优化担保费率，降低融资成本，重点扶持新旧动能转换企业、"三农"和小微企业的发展。

（二）加强不良资产处置力度，改善金融环境

2018 年金控集团通过与外部金融资产管理公司进行合作，借鉴先进的不良资产处理经验，采取债转股、资产重组等多样性的资产处置手段，针

对不良资产研究制定专项方案进行处置，对其中存在的复杂担保圈问题也进行逐步拆解，最大限度降低不利影响。为防范和化解金融风险，改善昌邑市的金融环境，金控集团将继续加强与各金融机构的合作，融合外部先进理念，创新思维模式，进一步提高处置效率和质量，并将有效资源重新投入利用，为新旧动能转换及产业升级增筋输血。

（三）通过股权投资，支持重点项目建设

为加快新旧动能转换，促进昌邑市经济结构调整和产业升级，打造昌邑市特色主导产业，金控集团先后向昌邑市生态食品和智能制造龙头企业进行股权投资，确保重点项目建设和推进，支持昌邑市产业龙头企业做大做强，充分发挥龙头企业在企业集群中的支撑作用，激发产业活力，带动产业发展。

（四）落实设立产业基金，助推实体经济转型升级

金控集团已对接包括银行、券商、省市级投资平台、PE 公司等机构近50 余家。在潍坊市财政局基金办指导下，金控集团与潍坊市金控集团对接，拟成立化工转型升级产业基金和创新创业投资基金，重点扶持昌邑市化工企业和中小科技创新型企业的发展。此外金控集团也积极与外部优秀投资机构保持业务沟通和联系，并与部分投资机构洽谈成立昌邑市新旧动能转换类产业基金，力争年前就基金方案协调各参与主体达成一致意见，并组建基金合伙企业，该类产业基金既有助于推动昌邑市中小企业的发展，也有利于在资本招商方面有所作为。

作为金融行业的后来者，面对复杂市场环境的变化，金控集团按照一年打基础，两年见成效，三年上台阶的总体目标，将重点做好以下四个方面的工作：一是整合现有资源，盘活存量，用好增量，实现金控集团效益最大化；二是统筹把握好现实和长远，以服务全市大局为重，以长远利益为重；三是齐抓共管业务发展和风险防范，在风险可控前提下，积极拓展各类金融业务，服务实体经济发展；四是完善搭建其他金融、类金融业务平台，持续丰富金融业态，稳步推进金融创新，构建多元化金融产业链，逐步将金控集团打造成区域内有服务力、有管控力、有竞争力、有影响力的大型综合金融平台。

三、国有企业对乡村振兴的组织示范作用——培养新生代企业家

加强新生代民营企业家队伍建设，事关经济持续发展、文明传承进步。据不完全统计，昌邑市新生代企业家队伍从年龄结构中，"70后"有47人，其中3/4是1975年以后出生的，"80后"有31人，90后有7人，75年之后的占到了75%；从担任政治角色方面，共有"两代表一委员"19人，还有的担任着工商联副主席、执委等职务。为了更好地发挥新生代企业家力量，昌邑市委市政府主动帮助他们解决生产经营中的难题，着力培养高素质人才队伍。

（一）加强新生代企业家的思想引导

昌邑市始终把企业人才，特别是新生代企业家思想引导工作放到重要位置，扎实开展理想信念教育，大力弘扬社会主义核心价值观，引导他们坚定政治立场、把握政治方向，不断增强责任感和使命感。新生代企业家尤其要增强政治认同感和政治信念的坚定。一方面，弘扬企业家精神。将创新精神、冒险精神、诚信精神、工匠精神作为新生代企业家培育的精神核心，不断提升企业家思想境界，增强企业竞争力。2017年以来，市里每半年召开一次新生代企业家座谈会，特别是通过举办"传承工匠精神、打造百年老店"等系列活动，引导新生代企业家传承和发扬昌邑老一辈企业家特别能吃苦、特别能创业、特别能创新的品格和精神，在传承中坚持主业、坚守主业，打造自主品牌，提高产品、产业的科技含量和核心竞争力；通过实地调研、座谈交流等形式，着重抓好诚信契约、道德法律和社会责任意识培育，引导他们致富思源，富而思进。另外，弘扬革命精神。立足昌邑丰富的红色资源优势，先后7次组织新生代企业家到市党性教育基地、龙池红色教育基地、卜庄胶北特委旧址暨抗战纪念馆等"红色教育基地"重温革命历史、弘扬艰苦奋斗的革命精神，引导他们坚定政治信念，提高其政治觉悟，把革命精神融入企业文化中，在创业创新大潮中实现新作为。新生代企业家们爱祖国、爱家乡的情怀得到进一步升华，建设家乡、回报

社会的觉悟进一步提高。

（二）加强新生代企业家组织体系建设

昌邑市坚持把建设完善新生代企业家组织体系作为一项重要的工作来抓，2016 年 11 月，组织成立了昌邑市新生代企业家联合会，汇集了一批有朝气、有冲劲、有思想，敢于尝试，敢于拼搏的年轻人。联合会注重强化组织领导，成立专门的秘书机构，充分调动会长、副会长的积极性，经常性开展各类专题学习和交流联系活动，团结引导新生代企业家群体在组织中互相交流、共同成长，在强化新生代企业家的角色意识、促进企业顺利传承发展方面发挥了积极的作用。联合会凝聚力、执行力和影响力不断提升，激发了广大新生代企业家干事创业的热情。昌邑市新生代企业家联合会也被山东省评为 2018 年度全省"四好"商会名单。

（三）着眼"亲""清"新型政商关系，完善政企沟通平台，增进政企互信

2018 年 7 月，昌邑市制定印发了《关于建立市级领导班子党员干部与党外代表人士联谊交友制度的意见》，每位市级领导班子党员干部联系 2 名党外代表人士，其中，将联系新生代企业家作为重点，通过开展邀请调研、相互拜访等形式多样的活动，逐步构建起新生代企业家与市级领导、部门单位等面对面交流机制，增进相互了解，推动相关部门单位合力为企业解难题、托思路、谋对策，破解民企发展中的实际问题。

（四）做好新生代企业家教育培训

认真贯彻习近平总书记参加政协民建、工商联界联组会的讲话时的精神要求，充分发挥联合会组织平台的集聚作用，加大对新生代企业家的教育培训力度，提高综合素质，提升经营水平，更好地服务社会经济发展大局。把加强教育培训作为培育新生代企业家队伍的重要举措。坚持"请进来""走出去"相结合。通过举办辅导讲座、研讨交流，邀请著名学者作报告讲座等形式，帮助新生代企业家准确把握中央、上级党委和市委有关重大决策部署，引导他们认清形势，提振信心。扎实开展寻标对标活动，组织新生代企业家到上海财经大学集中学习，现场观摩上海大众汽车公司、上海证券公司等世界 500 强企业，用现代化管理模式和先进生产理念，开阔

了会员眼界、提升了发展境界。同时坚持做实培训内容。每季度邀请市级领导介绍全市经济社会发展情况，不定期召开经济分析会，让新生代企业家及时了解昌邑经济发展情况，敏锐把握动态机遇，增强支持和推动经济发展的参与意识和责任意识，积蓄发展动力。围绕做好"代际传承"文章，精心挑选老一辈优秀的企业家组建创业导师团，通过开展交流讨论、企业论坛等形式，实现一代与二代思想理念和时间管理的沟通对话，帮助新生代企业家提升管理企业的综合素质、抗风险能力和企业经营能力。举办创业故事分享会等活动，邀请本土模范企业家现身说法，分享心得，通过体验式教育，在潜移默化中引导新生代企业家积极投身经济建设、公益事业和社会实践活动，在造福社会、奉献爱心的过程中强化社会责任意识。

（五）营造新生代企业家成长的良好环境

第一，加大创业扶持力度。鼓励引导新生代企业家在改造提升传统产业和培育发展新兴产业、新型业态中创业发展。探索设立新生代企业家创投基金，政府部门提供一定的启动资金，积极引导新生代企业家围绕实施新旧动能转换等重大工程，开展创业投资活动，建立创业创新示范点，进一步推动交流互动、合作发展。

第二，建立政治激励机制。对政治素质较高、能诚信守法经营并具有良好社会影响的新生代企业家，昌邑市通过多渠道为其提供发展机会和平台，为新生代企业家接班提供更多的成长锻炼平台。多渠道提高新生代企业家的政治地位，对优秀新生代企业家，在人大代表、党代表、政协委员等政治安排上，在各类先进评比、资格认定等荣誉安排上予以优先考虑。

第三，加强正面舆论引导。广泛宣传新生代企业家的优秀典型事迹，形成以点带面的示范带动效应。加强对外宣传交流，展示新生代企业家风采，激发创业创新热情，塑造昌邑新生代企业家的良好形象。定期开展"优秀新生代企业家"评选表彰活动，提高社会各界的关注度和认知度，为他们的健康成长营造良好的外部环境。

第二节 农村集体经济的增收示范

2018 年习近平总书记在中共中央政治局第八次集体学习时提到，要把好乡村振兴战略的政治方向，坚持农村土地集体所有制性质，发展新型集体经济，走共同富裕道路。当前中国特色社会主义进入新时代，社会经济文化迎来新的发展阶段，农村集体经济也发生了根本变化，变成了一种以社会主义为底色，以适应市场经济为核心特征，以集体利益为导向，进行财产联合或者劳动联合，实行共同经营、民主管理、利益共享的经济组织和经营方式。党的十九大报告指出，农村集体经济发展较好的村庄，可以依托集体经济，充分整合利用农村的各方面资源，为发展农业、工业、服务业或者融合产业提供便利条件，更好地参与市场竞争，从而实现产业兴旺；发展壮大村集体经济，也是改变农村贫困落后面貌的重要方法，是推动乡村振兴的重要途径，是提升基层党组织组织力、巩固农村政权的经济基础、维护社会和谐稳定的重要保证。农业合作社作为集体经济规模化的重要组织形式，尤其是龙头企业带动的农业合作社，是昌邑市委市政府重点关注的领域。当前昌邑市共有农业产业化重点龙头企业 67 家（包含国家级 1 家，省级 5 家，潍坊市级 61 家），农民专业合作社 1462 家。

在昌邑集体经济发展较好的村庄中，农村人均可支配收入一般都高于当地平均水平 50% ~80%，工资性收入和集体经济收入能占到总收入的一半以上。针对这种现象，通过调研可以发现，一方面是农村集体经济的发展解放了土地对农民的束缚，使其能自由选择高收入工作、拓宽其收入渠道；另一方面，农村集体经济是规模经济，其在降低成本、提高议价能力、降低风险等方面都要远强于分散的小户经营。为了扩大集体经济的作用范围和作用效果，昌邑市委市政府认真做好农村集体经济总规划，全面增强村级集体经济实力，提高村级自我发展、自我服务、自我保障能力，促进农民持续稳定增收，巩固党在农村的执政基础，根据中央、山东省和潍坊市有关部署要求，结合自身实际，就发展壮大村级集体经济、带动农民增收致富提出了一系列措施，并取得了很好的效果。

一、以"一村一品"为突破发展壮大农村集体经济

昌邑市创新实施发展壮大村级集体经济"一村一品"项目，为探索发展壮大集体经济的方式提供了新的思路。通过实施"一村一品"项目，增加村集体收入，实现"建强富裕村、发展中等村、扶持薄弱村"，促进全市村级集体经济实力整体提升，为村级发展和服务党员群众提供有力支持，力争年内实现村集体经济收入不足 3 万元的村减少 20% 以上，消除集体经济"空壳村"。

结合昌邑市实际情况，昌邑市委市政府总结各镇街区村级集体增收典型经验，提炼了村级增收"11 法 11 例"。

（一）"飞地农业"法

运用互联网众筹思维，打破原有村级行政区划限制，整合分散的资源、资产、资本，跨空间集中投放到某一地区，实行统一管理运营，帮助村级获取分红或固定收益。

典型案例：北孟镇成立岁物丰成农业发展公司，依托南孟片区建设"飞地"创业产业园，统一建设农业大棚及育苗棚、连体薄膜大棚、包装车间等园区配套设施，吸引有意回报家乡村庄的企业、包村市直部门、集体收入超过 20 万的村和各级扶持资金跨区域到园区内投资购买大棚，所购棚作为村集体固定资产，同时与公司签订协议，将大棚以年租 3 万元转包给公司，实现每年村集体收入保底 3 万元。

（二）土地流转法

组织各村在依法、自愿、有偿服务的基础上，规范推进承包地返租流转特别是村内外出户承包地或整村土地的流转，通过公开竞标出租，发展特色农业产业园、休闲观光园、种养殖基地等，开展农村土地规模化、集约化经营，实现村级集体经济与农民就业双促进。

典型案例：龙池镇东白塔村流转土地 285 亩，用于鸢华集团建设休闲农业观光园，每年收取土地承包费 30 多万元，同时解决了周边 100 余名村民

的就业问题。下营镇滩子村流转土地 1100 多亩，由昌邑市鼎立薄壳核桃种植专业合作社租赁种植核桃，每年收取租赁费 100 多万元。

（三）服务创收法

村党组织通过兴办合作社等服务组织，为本村及附近企业、家庭农场、种养大户等各类生产经营机构提供仓储、销售、信息等有偿服务，适当提取服务费用，增加集体经济收入。

典型案例： 下营镇小韩村成立昌邑市通达劳务公司，承包山东海天生物化工有限公司的纯碱装卸项目，每年为村集体增收 92 万元。饮马镇杨楼村成立小麦良种农民专业合作社，合作社统一将良种分发到农户，定期开展技术培训，随时解决农户在繁育小麦良种过程中遇到的问题。麦收后，合作社将良种统一收购卖给种子公司，年可为村集体增收 7 万多元。

（四）场所经营法

盘活改造村庄旧办公用房、旧校舍、旧厂房等各类闲置集体房产，通过发包出租、折资入股等方式，获取租金收入或参股分红，增加集体经济收入。

典型案例： 柳疃镇常家庄村将村集体所属旧厂房进行改造，租赁给昌邑市凯泰纺织材料有限公司、昱琳轩纺织有限公司使用，年可为村集体带来租金收入 120 万元。

（五）电商孵化法

村级党组织通过搭建农村电商发展平台，帮助企业开展电商服务，对农产品进行包装销售，拓展产品市场销售渠道，形成品牌效应，促进集体增收。

典型案例： 都昌街道高侯章村，成立中国电商委智炎电子商务产业中心高侯章村战略合作基地，致力于高侯章村和周边地区电商的发展，拓宽了农产品的销售渠道，每年可为村集体和村民增收 20 余万元。

（六）资本运作法

组织资金实力较强的村在科学论证的基础上，经村民代表大会同意，通过集体投资、参股合资、兼并租赁等形式，发展混合型经济，获取经营收益。

典型案例： 北孟镇小南孟村2016年由村集体投资100余万元成立孟山食品加工有限公司，开展玉米、小米、红豆、绿豆、花生、芝麻等五谷杂粮深加工，采用订单式供销模式，发动村民在自家责任田进行绿色种植，并用高出市场价40%的优惠条件与村民签订购销合同，形成种植、加工、营销一条龙式产业链，年可实现村集体经济增收40余万元。

（七）旅游开发法

组织有条件的村运用市场化手段，积极利用自然风光、历史古迹等产业发展农家乐、休闲农业、乡村旅游等"无烟"产业，将资源优势转化为经济优势。

典型案例： 饮马镇山阳村依托博陆山和千年梨园的资源优势，大力发展乡村生态旅游和休闲观光农业，对博陆山进行综合开发，博陆山风景区被评为国家3A级旅游景区。成立潍坊博陆文化旅游有限公司，专门负责经营运作和管理服务。截至2018年，山阳村已成功举办了九届山阳梨花节和六届山阳群众文化艺术节，通过发展乡村旅游，年可为村集体增收50余万元，2018年荣获"全国生态文化村"称号。

（八）政策撬动法

充分利用脱贫攻坚有利政策，积极争取上级专项资金扶持，通过农业扶贫开发改善基础设施条件，引入高效农业特色项目，建设蔬菜大棚、光伏电站、构建村级电子商务平台等方式增加集体收入。

典型案例： 市扶贫办帮助卜庄镇白衣庙村与上级对接，争取专项扶贫资金130万元，由三元朱村信科温室有限公司协助建设蔬菜大棚8个，发展火龙果、辣椒、西红柿等品种种植，年可增加村集体收入8万元，农民人均增收3万元以上。

（九）边角经济法

充分利用村庄边角土地、被个人圈占的集体闲散土地、闲置湾塘、垃圾场等，进行整治、改造、开发，加以充分利用，发展种植、养殖等产业，或者以拍卖、租赁、承包、作价入股等形式兴办农牧业项目，建设垂钓园、停车场、老人房等，实现集体经济收入增长。

典型案例： 石埠经济发展区晴埠村与山东金宝集团就青山废弃矿坑复

绿改造工程签约,将 1000 亩集体荒山和贫瘠土地租赁给该公司,年可为村集体和村民带来 50 余万元收入。史家庄村将青山南麓 300 亩贫瘠土地承包给农业种植公司,开发建设青山采摘园,年可增加村集体和村民收入 36 万元。奎聚街道初曲村平整潍河大堤两侧闲散土地 50 亩,建立冬暖大棚 13 个,用于种植绿化苗木,年可增加村集体收入 14 万元。

（十）改造市场法

组织村庄立足区位优势,充分考虑人口流动量、特色优势和交易商品辐射力等因素,按照"标准化、规范化"要求,对现有的农贸市场（农村集市场）进行改造提升,合理布局,规范建设一批新的农贸市场、特色专业市场,增加村集体收入。

典型案例: 石埠经济发展区石埠前村借助毗邻 309 国道和下小路的区位优势,投资 1300 万元建成占地 230 亩的大姜土豆专业化批发市场,业务辐射全省以及深圳、海南、上海等地,并出口韩国和俄罗斯。根据市场发展需求,先后成立前村蔬菜专业合作社和昌邑市庆普农产品商贸有限公司,每年通过征收摊位租赁费、市场管理费等增加村集体经济收入 300 余万元。

（十一）抱团经营法

组织各村本着优势互补、资源共享、互惠互利、自愿结合的原则,积极实施"社区化"发展模式,整合挖掘相邻村发展资源、产业优势,实行整体规划、联合发展,推动村级集体经济发展。

典型案例: 龙池镇以齐西村清朝民居群为核心,整合周边东白塔村陈氏家庙、陈干墓,龙东村齐氏家风家训馆,北白塔村抗日战争纪念馆等 10 余处旅游文化景点,发挥"水、人、文、绿"四大优势,凸显龙池的非遗文化、红色文化、名人文化、水文化等特色文化,打造集休闲度假、农家体验、摄影写生、文化旅游于一体的大型旅游景区,为齐西村、龙东村、东白塔村和北白塔村增加集体收入 30 余万元。

二、依托集体企业发展农村集体经济——以山阳村为例

山阳村位于昌邑市饮马镇以西 7 公里处,北距昌邑市区 20 公里,毗邻

潍河，因地处博陆山之阳而得名。共 1040 户、4100 多口人，是昌邑市人口最多的村庄，劳动力人口占比约 60%。而在 2017 年，昌邑市饮马镇山阳村村民人均纯收入约 2.2 万元，同年入选潍坊市住房和城乡建设局公布了改善农村人居环境示范村名单。在山阳村中，仅有约 150 人在外务工，其他村民多就职于村内集体企业，在保障收入的同时，也避免了留守儿童等空巢现象的出现。

改革开放以来，山阳村村集体共有 3 家集体企业，其中 1 家为合资企业，村集体股份占比 45%，2 家为村办企业。主营业务为采矿，净收入约300 万元，共缴纳税收约 600 万 ~ 700 万元，村集体企业员工 300 人，直接带动本村就业 200 人。同时，山阳村属于集体的耕地约 2000 亩，由于这些耕地多为山地、林地、果园等，土地确权时无法分属个人，村集体班子将部分集体用地分租给私营企业，每年收取租金 40 万元，同时村集体流转村民土地，将共计 3000 ~ 4000 亩的村民土地承包给项目公司，每亩土地流转收入约为 1000 斤小麦。这样，每年的集体经济收入 500 余万元。这些收入成为山阳村转型升级的原始积累。

一直以来，石英石开采加工销售是山阳村的支柱产业，但是随着资源消耗速度加快，以石英石为主的采矿业的弊端越来越明显。对此，山阳村抓住新旧动能转化的时机，关停了一部分污染企业，用实际行动践行了"绿水青山就是金山银山"的发展理念。面对荒芜的博陆山和石英石开采留下的几十个大矿坑，山阳村发动党员群众架桥筑路、凿石取坑、运土上山、封山育林、修渠引水。8 年时间，挖下 10 万个"鱼鳞坑"蓄水，栽下 15 万棵树木，实现绿化 3500 亩，博陆山由一座废弃的荒山变成了绿树成荫、百花绽放、流水潺潺的绿水青山。

2014 年，山阳村注册成立潍坊博陆文化旅游有限公司，累计投入 7000多万元，在博陆山规划打造了梨花飞雪、东篱田园、博陆望远、潍水亲情、霍光路五大版块，建成"玫瑰园""牡丹园""红峡湖"等 13 个景点，搭建起了发展乡村旅游的主体框架，博陆山成为"春可游园观花、夏可避暑休闲、秋可赏景品梨、冬可登山观景"的国家 3A 级旅游景区，吸引游客 50多万人，实现产值 600 多万元。2017 年，山阳村被评为"山东省生态文化村""全国宜居村庄""全国美丽乡村示范村"称号，并成功入选第八批全国一村一品示范村镇，是潍坊市唯一入选村镇。2018 年 3 月，该公司与央企视点文化传播有限公司成功合作，总投资 30 亿元、规划占地 8 平方千米的"梨花水镇"项目落户山阳，打造集现代农业、康养、文旅体验多元特色于一体的梨花水镇。

山阳村深知人才对于企业的重要性，因此大力引进、培养专业技术人员。当前山阳村集体企业中级以上专业技术人员 32 人，中层以上干部全部为本科以上学历。每年组织员工外出参观学习，并邀请专家到企业进行专业技术培训。企业每年拿出 200 万元专项资金用于新技术研发，现有 6 项国家专利，成立潍坊市唯一一家石英砂加工工程技术中心。高薪聘请中科院化工研究所、物理研究所、山东地质四队专家作为技术顾问，为企业转型升级提供智力支撑。

同时山阳村制定了人才激励办法。每年对村里的新博士生、硕士生、大学生分别给予 3 万元、1 万元和 2000 元奖励，已奖励博士生 2 名，硕士生 6 名，专科和本科生 180 多名。实行"招才引智"措施，对回乡参与"梨花水镇"项目建设的博士生，免费提供村集体开发的梨苑新居 120 平方米住宅楼居住权，硕士生免费提供梨苑新居 90 平方米住宅楼居住权，本科生每年给予 1 万元住房补贴，连续奖补 5 年。对村里毕业的高中生和职业学生，村集体出资送他们进高校、科研院所培训或邀请专家教授到村里授课，提高他们的技术素养。

纵观山阳村的发展历程，其之所以能给审时度势、积极把握产业发展机遇、推进新旧动能转换，关键在于山阳村具有一个强有力的组织体系。山阳村开展党员管理项目化、群众管理网格化、各类组织功能化"三化"融合，这也是昌邑市委组织部抓党建提升基层组织力的重要举措，解决了许多历史遗留难题：为做好"梨花水镇"落户签约保障服务工作，实行"党员工作项目化"，将任务细化为一个个项目，党员认领项目，参与项目，服务项目，建设项目，大大提高了工作效率，仅用 3 个月时间流转了土地 1000 多亩，清理违章建筑 60 多家，腾出存量建设用地 230 亩，投资 500 多万元修复保护标志性建筑飞天阁，硬化施工道路 2.3 公里，山体植被新绿化

250多亩，为项目快速推进争取空间、赢得主动。2019年7月，山阳村党总支被山东省委组织部评为"全省干事创业好班子"。

三、创新土地利用方式发展农村集体经济——以小南孟村为例

位于昌邑市北孟镇的小南孟村建于明初，拥有丰富的物产资料和悠久的历史文化传统。全村现有670户，共有2400人，现有村落建设用地700亩，耕地面积7100亩，人均耕地约2亩。其中，集体经济用地面积2300亩，以山地、丘陵和沟壑等为主，由于地处昌邑市最南部，距离城区50分钟车程，为农产品运输、村民出行等增加了成本。且相对昌邑其他乡镇，小南孟村气候较为干燥，至2018年已连续五年干旱。然而，小南孟村的主要经济作物是生姜，对土壤湿度要求较高，尽管村里为了灌溉便利深挖井水，但成本较高，因此村民用水较贵，每亩地约需5小时灌溉，每小时收费20元，极大地提高了农作物生产成本。在发展集体经济之前，小南孟村村民仅能维持基本的生活需求，村基础设施建设等较为落后，村集体负债较多。

2015年，刘志正当选小南孟村村委书记，带领村民走向集体经济共同发展、共同富裕的道路。自村委换届以来，以刘志正同志为领导的"两委"班子深入贯彻乡村振兴战略，以新农村建设为契机，大力增加村集体收入。一方面，小南孟村创新土地流转方式，将2300亩集体用地包产到户或外包的方式，增加集体年收入130万元；另一方面，成立孟南山蔬菜专业合作社，吸收20多家村户，通过统一供苗、统一供肥、统一种植和统一销售的方式为村集体创收，年收入达到12万元左右。合作社由党支部和村户共同所有，村民可采取以地入股的方式，2017年村民收入1400元/亩，若村民采取不入股的方式，则以1000元/亩的收益流转给村集体。在集体经济发展到一定程度之后，小南孟村激励村民以地入股，同时，争取上级政府涉农方面的援助或银行贷款，多渠道筹集资金，不断壮大集体经济。2016年，村集体投资200万元，成立五谷杂粮加工，与村民制定种植计划、签订供销合同，根据产量和市场价格来回收农作物（以高于市场价格30%回收），通

过全自动化、机械化生产销向企业与市场，年纯收入达 130 万元左右。当前小南孟村每年集体收入 170 余万元，彻底还清之前的历史债务。

2017 年，小南孟村人均收入 1.17 万元，每户平均收入 4 万~5 万元/年，富裕的家庭收入 20 万元/年。同时，小南孟村以从事矿业、纺织、粮食为主的企业大概有 15 家，本村村民基本实现在本村或社区企业解决就业，普通员工收入 2200~2300 元/月，技术人员收入 5000~6000 元/月。全村实现道路 100% 硬化，新疏通村周围排水沟和生产路两侧沟渠清理 8000 米，对月河河底进行了清淤，村内外绿化植树 3 万余棵，建起了 5000 平方米的健身广场及党群活动中心。该村先后荣获"山东省美丽宜居村庄""省级卫生村"等荣誉称号。

小南孟村所在的北孟镇中村集体经济不足 5 万元的村有 78 个，占 85%；不足 3 万元的村 55 个，占 60%；经济空壳村 17 个，占 18%。小南孟村在自身获得巨大发展后，积极向镇党委提供发展经验，帮助其他村进行资产盘活、经济发展。

在北孟镇镇党委、政府的统一部署下，北孟镇借鉴运用"互联网众筹"思维，出台《发展"飞地农业"壮大村集体经济的意见》，探索构建政府主导、企业运作、多元参与、整体联动的"飞地农业"模式，打造了北孟镇众村"飞地"创业产业园。产业园以小南孟村为实验区，采取"镇上支持一块、村集体投入一块、党员带头出一块"的方式筹集资金 700 万元，建设了由 27 个第六代冬暖式大棚组成的蔬菜、瓜果种植实验园，所有种植户均加入合作社，由孟南山蔬菜专业合作社统一管理运营。截至 2018 年底，平均每个大棚净收益 6.5 万元，种植户人均增收 8 万元，为村集体增收 30 万元。通过试验，一方面实现了集体增收、村民致富；另一方面为其他村集体经济增收提供了一条有效路径。

在规模发展到一定程度后，北孟镇聘请专业团队，规划了以小南孟村试验区为中心，占地 2600 亩的众村"飞地"创业产业园，并借鉴现代企业经营理念和管理模式，成立镇级国有农业发展公司，统筹抓好"飞地农业"项目的管理运作，主要包括五个方面。一是筹集资金。主要借助上级项目、部门单位帮扶、镇财政扶持、村集体经济收入超过 20 万元的村投入、有意回报家乡的桑梓企业或个人援助 5 个渠道筹集资金，帮助村集体经济薄弱村跨区域到该产业园建设冬暖式大棚，由国有公司与建棚村签订协议，确定所建大棚为建棚村固定资产，每个大棚每年可获得 3 万元棚租作为建棚村固定收益。二是流转土地。在广泛征求群众意愿基础上，本着依法依规、公开透明的原则，在小南孟村分四期流转土地 2600 亩作为"飞地农业"项目建设基地。三是统一招标。聘请专门公司，组织政府和社会认可度高的单位参加招投标，发挥规模优势，降低建设成本。通过统一招标，每个棚建设成本 15 万元左右，比单个建设节省 1 万元左右的成本。四是统一建设。严格按照标准建设种植大棚、育苗棚、包装车间，并由国有公司配套建设好道路、水电管网等基础设施，每个棚按 5 万元的标准配套。五是统一运营。园区内的大棚可由村民（北孟镇所有村民均可）出资 3 万元租赁种植，并加入孟南山蔬菜专业合作社，实行"五统一品"的管理经营模式，即统一供苗、统一供肥、统一供药、统一指导、统一销售，打造一个品牌。其中销售主要采取订单预约、商场配送、电商销售三种方式，确保产品质量好、有销路、效益高。

"飞地农业"种植模式能够有效整合各方力量，握指成拳干大事，规避各村单兵独战、小规模经营"旱涝不均"、效益难保障的风险。"飞地农业"种植模式将原先的各类帮扶项目资金以发展现代农业方式进行集约化、科学化管理运作，并成立国有公司担保兜底，实现了对帮扶村由"输血"向"造血"的转变，不仅打造了群众致富的平台，而且真正从源头上破解了村集体经济增收难、无保障的问题。在党委政府的引导下建设众村"飞地"创业产业园区，能够有效整合资本、技术、人才等要素，有利于建设现代农业产业体系，为深入推进乡村振兴战略提供了一条路径。

第五章　昌邑市乡村振兴的社会制度保障：公共服务均等化

生活富裕是乡村振兴战略的根本出发点和落脚点，也是实现全体人民共同富裕的必然要求。提供均等化的公共服务是生活富裕的重要实现路径。与现实需要有所差距的是，我国基本公共服务的非均等化问题比较突出，体现在地区间、城乡间、群体间在基础教育、公共医疗、养老服务、环境卫生等基本公共服务方面的差距逐步拉大。意识到公共服务均等的必要性，昌邑市政府采取了一系列措施力求为居民提供均等的、优质的公共服务，这些措施无疑成为乡村振兴的重要推手。

均等化的公共服务需要财政资金的支持。昌邑市在 2017 年共计完成民生支出 34.3 亿元，占一般公共预算支出的比例高达 84.4%。支出去向主要包括四个方面。（1）完成教育投入 12.1 亿元。新建业小学教学楼、凤鸣学校等工程建成投入使用，在潍坊市率先完成破解省定大班额任务，巴超额完成第二期学前教育行动计划，山东环境工程职业学院加快推进。（2）完成医疗计生投入 7.4 亿元。市妇幼保健院新院、市人民医院门诊外科病房综合楼建成运营，市妇幼保健院成为全国关爱女性健康工程公益援助定点医院，昌邑市列入省级慢性病综合防控示范区。居民基本医疗保险参保人数达到 43.72 万人，发放医疗保险待遇 25412.99 万元。鉴定门诊慢性病人数达 1507 人，共有 81.77 万人享受到居民医疗报销待遇。（3）发放养老待遇 1.31 亿元，城乡居民基本养老保险参保人数达到 33.5 万人。连续第 13 年调整企业退休人员养老金，调整后人均养老金水平达到 2016 元/月。（4）将农村和城市低保标准分别提高到每人每年 4100 元、6120 元，农村特困人员集中和分散供养标准由每人每年 5600 元和 4200 元分别提高到 6100 元和 4500 元并实施银龄安康民生工程，实现 60 周岁以上老年人投保全覆盖，参保老年人达 17.4 万人，保费 372.4 万元。

从以上数据可见，昌邑市对城乡公共服务均等化投入了大量的财政资金，这为城乡公共服务均等化的实现提供了坚实的财政基础。

第一节　城乡教育均等化制度

党的十九大指出，保障和改善民生要抓住人民最关心最直接最现实的利益问题，建设教育强国是中华民族伟大复兴的基础工程，必须把教育事业放在优先位置。在此背景下，均等化的教育不仅为乡村振兴输送大量人才，还有助于达到生活富裕这一要求。昌邑市在推进教育公平和城乡教育一体化发展方面采取了一系列措施，也取得了一定成就。

一、城乡教育投入均等化

总体来看，昌邑市现有义务教育阶段学校 73 所，其中小学 51 所、初中 17 所、九年一贯制学校 5 所，在校学生 47604 人，教职工 3590 人。与昌邑市 61.8 万常住人口相比，教育资源相对充足。

首先，昌邑市政府大力改善办学条件，制定教育投入奖补政策，市直学校所需创建资金全部由市级财政承担，镇街区学校所需资金按照"四六分担"的原则，市财政按总量平均奖补 40%，镇街区负担 60%，教育等部门统一组织招投标。2018 年，市镇两级财政累计投资 1.5 亿余元，新建塑胶跑道操场 16 处、灯光球场和风雨操场 23 个，更新课桌凳 13000 余套。为了加快学校重点项目建设，市政府累计投资近 1 亿元，新建改扩建学校、幼儿园 14 处，全市义务教育学校办学水平由"基本均衡"迈向"优质均衡"。

其次，加快推进教育信息化建设，大力实施教育信息化"升级改造"工程，稳步推进"智慧教育""智慧校园"建设，截至 2018 年底，市政府累计投入资金 1.6 亿元，全市各级学校累计配备触控一体机 1374 台，建成计算机教室 130 多个，配备计算机 14000 多台，"班班通"达到 100%。

最后，为了实现办学条件城乡一体化，昌邑市大力实施小规模学校提升工程，抓住乡村振兴有利契机，启动实施小规模学校提升工程。市政府规划投资 3800 多万元，改造提升 40 余处小规模学校办学水平，同时，抓牢抓实食堂改造、图书更新和教育教学设施配备等工作，累计改造升级学校食堂 11 处，新建改扩建食堂面积 9277 平方米，添置设备 420 多台（件），全市所有义务教育学校图书、实验仪器、音体美器材等配备标准全部达到或高于省定办学标准。

二、城乡教育资源分配均等化

在战略上，昌邑市委市政府将教育创建工作提升为"一把手"工程。昌邑市成立了以市长为组长，分管副市长为副组长，教育、财政、人社等相关部门和镇街区政府"一把手"为成员的领导机构，市政府牵头制定《昌邑市关于推进义务教育优质均衡发展的工作方案》等文件，将教育督导纳入镇街区科学发展考核和党政领导政绩考核，细化部门责任，层层传导压力，增大工作合力。将教育资金、学校建设、教师招聘等重大事项列入市党政联席会和政府常务会议题，建立起"政府主导、部门各负其责、密切配合、协调联动"工作机制，盘活优势资源，多方发力、多点发力、强力推进。

（1）建立城乡教育资源互通的机制。为了持续提升教学质量，昌邑市政府制定出台了《基础教育教学改革行动计划》，启动实施了"送教下乡""学科教师走教"等工作，推动城乡学校教学质量同步提升。

（2）注重校园文化建设。为了持续提升校园文化建设水平，市政府坚持把文化建设作为内涵发展的突破口，制定印发《关于进一步加强全市中小学校园文化建设的指导意见》等文件，在全市范围内大力实施校园文化、红色文化提升工程，打造"学校有特色、校长有能力、教师有气质、学生有精神"的良好发展生态。

（3）完善校园治理体制。为了持续提升学校治理水平，昌邑市政府注重发挥教育督导的监督、指导、服务等功能，将全市 78 处学校划分为七大责任区，班子成员包靠 4～6 处基层学校，定期组织 34 名责任督学深入乡镇、学校和教学一线调研指导，督促基层学校落实教育政策、规范办学行为，不断提升学校教育管理水平和管理效能。同时，抓牢抓实校园安全管理，深入推进中小学幼儿园安全促进体系建设，努力营造安全稳定的教育"大环境"。

（4）完善助学体系。昌邑市政府实施了相应的应对措施：一是积极稳妥地处理外地务工人员子女受教育问题，全力保障务工人员子女受教育权利，确保全市义务教育学校随迁子女全部安排在公办学校就读；二是大力发展特殊教育，建立以特殊教育学校为龙头、特教班和随班就读为主体、送教上门为补充的区域特殊教育体系，确保适龄残障儿童少年义务教育入学率达到100%；三是健全教育资助体系。健全完善家庭经济困难学生资助体系，整合各类救助资源，构建政府统筹与社会各界参与的助学帮困机制。截至2018年，昌邑市累计帮扶学生6000余人，实现了从学前教育到高等教育的全覆盖，做到应助尽助，确保无一学生因贫辍学，资助比例达100%。

三、城乡教师队伍培育均等化

为了建立均等的城乡教师队伍，昌邑市政府制定《关于深化中小学教师队伍管理体制改革的实施意见》，在依法自主办学和"县管校聘"框架内进行编制管理，实行总量控制、动态调整。

（1）完善教师招聘办法，在引进高层次人才和考选事业编教师的基础上，招聘编外聘任制教师。2018年，昌邑市招聘编外聘任制教师221人，与在编教师同工同酬。落实三年行动计划，规划2018～2020年三年时间，引进教师1100名，全力解决化解教师队伍"超编缺人"现象。

（2）强化教师激励良效机制。第一，落实农村教师岗位补贴。从2007年起，昌邑市实现了城乡教师工资待遇的统一标准、统一发放。乡镇学校教职工人员经费全部由县级财政负担，包括每班每月400～700元的班级管理团队激励资金等。同时，自2014年1月发放乡镇工作人员补贴。2015年1月，提高了津贴补贴标准，偏远乡镇按每人每月300元，此后每增加一年，月发放提高15元的标准发放；其他乡镇按每人每月200元，此后每增加一年，月发放提高 10 元的标准发放。第二，倾斜农村教师职称政策，乡村学校和城镇学校教师分开评审，放宽乡村教师评审条件限制。自 2016 年开始，中学中、高级岗位比例设置均提高 5 个百分点，小学提高 7 个百分点，农村学校和薄弱学校在此基础上再提高两个百分点。农村小学高级比例由 3% 提高到了 12%。利用岗位等级竞聘政策，农村支教教师和农村特岗教师高出原聘任岗位一个等级，以鼓励教师农村任教。第三，建立农村教师荣誉制度，评选农村教师、青年教师的"优秀乡村青年教师""青年教改先锋"，宣传并鼓励关注农村教育、关心农村教师。同时，昌邑市实施农村学校特级教师岗位计划，享受特级教师补贴待遇。教育局在分配评优表彰指标时向农村教师倾斜，各镇街区评优表彰指标的分配也向偏远农村小学教师倾斜。

（3）完善教师关爱有效机制。教育局印发了《关于建立教师关爱机制的指导意见》，严格落实教师体检、走访慰问、新教师谈心、农村教师岗位补贴等政策，为新教师安心工作打下良好的基础。一是安居工程"提档升级"。自 2014 年起，昌邑市出台了《昌邑市关于规范单身教师食宿管理的实施办法》《昌邑市教师周转住房建设配套管理暂行办法》等文件，截至 2018 年 9 月底，全市共完成投资 6100 万元，建成周转宿舍 36 处，总建筑面积 33700 平方米，安置教师 420 人，其中，农村周转宿舍 27 处，安排有居住需求的教师 202 人。二是试用期的"呵护成长"。每所学校成立由校长、名师、心理健康教师等组成的新教师思想工作小组，定期与新教师谈心，沟通思想，解决心理问题。借助"姜勇名师工作室"等，及时做好个别教师的心理辅导，呵护他们度过适应期。三是解决农村教师尤其是 80% 女教师圈子小、交际少的问题，搭建"鹊桥"活动平台。四是切实解决好新教师最关心、最直接、最现实的问题，采用微信扫码投票的方式，组织新教师对关爱行动落实情况进行问卷调查，以实现"把脉问诊"，对症整改。

（4）形成教师成长速效机制。教育局制定了《昌邑市 2018 年教师培训计划》，多部门协作为新教师量身定制了丰富多彩的培训、研修活动，促进新教师快速融入教育教学团队。为搭建乡村新教师专业发展平台，昌邑市积极开展优秀教师、骨干教师"送教下乡"活动，通过现场课堂教学观摩、听课评课、课例研讨、专题讲座等形式开展集中教研活动；以特岗教师为引领，组成团队，以课堂教学改革为核心，以示范引领为主导，通过专题研究、名师讲堂、读书沙龙等多种形式，承担培养培训新教师任务。同时，实施青蓝工程，采取名师"1 + 1战略"，各学校为任职三年内的新教师与骨干教师拜师结对，建立了新教师成长档案，以助推新教师成长。

四、城乡教育均等化的重要抓手——县管校聘政策

2014年5月，昌邑大力开展以"县管校聘"、交流轮岗为主要内容的中小学教师队伍管理体制改革，推进了城乡教育均衡发展，为全面推进改革积累了成功经验。具体的做法，概括起来就是"抓好四项重点工作、突出五个关键环节、建立四项推进机制"。

（一）抓好四项重点工作，带动改革全局

第一，落实教育行政部门管理权限。传统的管理体制下，编制、人社、财政等部门对教育的管理过于具体，不利于教育行政部门的宏观调控，一定程度上制约了教育的发展。"县管校聘"管理改革则是按照"总量控制、统筹城乡、结构调整、有增有减"的原则，由编制、人社、财政等部门会同教育部门核定教师编制、职称岗位、进人计划、绩效工资等总量，市教育局在核定的总量内，拥有教师管理自主权，每学年根据学校生源变化、教师结构和教育教学改革的需要等，进行动态调整，实现了所谓的"县管"，这是"县管校聘"管理改革顺利推进的基础。

第二，完善岗位聘用管理制度。完善岗位聘用管理制度，实现学校自主聘用管理教师，这就是"校聘"，也是改革能否顺利推进的关键。但"校聘"也不是校长想怎样聘就怎样聘，而是遵循"按需设岗、竞聘上岗、按岗聘用、合同管理"的原则，全市教师队伍"重新洗牌"，通过双向选择、平等竞争、重新聘任岗位，既增强了教师的忧患意识和敬业精神，形成了积极向上的工作氛围；又打破了用人上的终身制，逐步建立了符合教育特点的选人用人新秩序、新常态。

第三，建立教职工合理流动机制。昌邑市主要采取四种方式来促进教

师合理流动：一是原则上在同一所学校任职满 2 个聘期的校长、副校长分期分批参与交流轮换；二是通过核编定岗，实行竞聘上岗，促使超岗学校教师向缺岗学校合理流动，解决校与校之间人员不均衡的问题；三是在学校设置岗位时，设置不少于 5% 的岗位用于教师跨校竞聘，对符合条件的人员分批进行交流轮岗，解决学科结构不合理的问题；四是在偏远、艰苦农村学校设置支教岗位和特设中、高级岗位，通过激励政策引导城区优秀教师到农村支教或跨校竞聘。

第四，实行绩效考核和绩效工资。制定下发了《昌邑市学校教职工绩效考核指导意见》和《昌邑市教育系统绩效工资分配办法》，根据绩效考核结果发放奖励性绩效工资，逐步建立起以岗位为核心、绩效为取向的绩效考核和绩效工资制度，实现了以岗定薪、岗变薪变、优绩优酬，这是改革成功的重要保证。

（二）突出五个关键环节，务求改革实效

第一，合理核定学校编制。2015～2016 学年度，昌邑市教育局通过多种方式，结合学籍管理系统、教职工信息管理系统、请假备案等，对每处学校的学生和教职工情况进行深入细致的摸底，掌握了各种特殊情况，在编制岗位分配时予以考虑，确保分配公平科学。针对这一环节主要把握以下三点：一是在核定学校基本编制时参照各类学校省定基本编制标准，对达不到标准班额的学校，按生师比与班师比相结合的方式核定；二是根据学校教职工的年龄结构、病休、产假等情况进行相应增减调整，确保各学校编制均衡、人岗相应；三是建立完善的教师补充机制，学校自主提报需求计划，按退补相当的原则补充教师。

第二，科学进行岗位设置。科学进行岗位设置是改革成功的关键。各学校在教育局分配的岗位指标内，结合本校实际，自主进行岗位设置，实现教师资源的优化配置。针对这一环节主要强调以下四点：一是坚持按需设岗、因事设岗原则，设置岗位时要明确每一岗位的职责任务、工作标准、任职条件、岗位工作量等事项，供教师岗位竞聘、签订岗位聘用合同以及绩效考核时参考；二是坚持以人为本原则，设置岗位时，为临近退休、患重大疾病、请产假等不参与交流轮岗的人员设置适当的直聘岗位，降低岗位工作标准，相应低定岗位工作量，供他们选择或竞聘；三是坚持优化配置原则，设置不少于5%的岗位（一般为紧缺学科教师岗位）用于流动教师跨校竞聘，达到调整学科结构的目的；四是坚持以岗定薪、按劳取酬原则，学校岗位设置时，参照省定岗位设置比例科学设定每个岗位的工作量，实行各类岗位工作量控制。

第三，精心制定实施方案。实施方案是开展工作的依据，必须科学、细致、周密，既要坚持高标准，严要求，不走过场，不流于形式，也要守住稳定的底线，防止因措施或程序设计不完善、不规范引发教师心理上的不平衡，情绪上的不稳定。县级层面实施方案突出两点：一是强调一个稳字，积极组织调研论证，广泛征求编制、财政、人社等部门和广大基层教职工等各方面的意见；二是突出一个细字，实施过程中每个步骤都有详细的操作办法，各环节控制有序、衔接顺畅，不产生前后矛盾。学校层面实施方案把握两点：一是坚持走群众路线，岗位设置方案、岗位竞聘方案和绩效考核方案一定要经教职工代表大会（或教职工大会）审议，85%以上教师通过后实施，切实保护教师的合法权益；二是制定应急预案，加强政策宣传，成立争议调解小组，积极化解矛盾，坚决维护学校和社会稳定。

第四，有序开展岗位竞聘。竞聘上岗是县管校聘改革的中心环节，必须坚持公开、平等、竞争、择优的原则，充分发挥教职工代表大会的作用，保障教职工对聘任工作的知情权、参与权和监督权。针对这一环节主要把握以下三点：一是总体上按照支教竞聘（农村特设岗位竞聘）——校内岗位竞聘（直聘）——跨校岗位竞聘的顺序组织各类竞聘，保障教师科学有序流动；[①] 二是对学校干部和教职工实行逐级竞聘，副校长由校长提名，中层干部由校长按程序聘任，其他人员以级部或部门聘任为主，充分保障了学校的用人自主权；三是对人数较多的学校组织多轮竞

---

① 按照教师流动的自然规律，首先开展支教竞聘，利用优惠、激励政策引导一部分优秀教师优先充实农村中小学岗位，而非城区教师落聘后被迫分流到农村学校岗位；校内岗位竞聘要求一校一策，充分发挥学校用人自主权，但应先确定直聘人员；跨校竞聘要设置好顺序，首轮跨校竞聘分别在市直、乡镇同类学校间进行（镇街区学校教师跨校竞聘首先在本镇街区内进行），然后组织全市范围内跨校竞聘。未完成校内岗位竞聘任务或校内竞聘岗位有空岗不聘而申请跨校竞聘的，参加最后一轮竞聘。

聘，实行多轮双向选择，做到级部、学科间相对均衡，保证岗位配置结构最优。

第五，认真签订聘用合同。"把事业单位与工作人员之间的关系确定为合同关系，是事业单位人事制度改革中最大的转变"，签订岗位聘用合同是县管校聘的必要环节，也是改革阶段性成功的保障和岗位管理的前提。根据《山东省事业单位聘用合同（范本）》，结合昌邑市教育实际，修订完善了教职工聘用合同，进一步明晰了合同的具体条款和内容，将教师关系归于市教育行政部门，由学校聘任，使教师由"学校人"变为"系统人"，打破教师交流轮岗的管理体制障碍。针对这一环节主要注意两点：一是合理规定聘任期限；① 二是各学校在与教师签订合同时，必须明确岗位职责任务、工作标准、岗位工作量等事项，并进行必要的公示，这为聘期结束的绩效考核和续聘工作奠定了基础。

（三）建立四项推进机制，保障改革进程

第一，建立部门联动机制。坚持把"县管校聘"改革试点列为全市社会事业改革重点事项，市里成立了改革工作领导小组，具体负责统筹规划和协调推进各项改革试点工作；建立健全了教育、编制、财政、人社等部门联席会议制度，定期交流沟通工作进展情况，及时协调解决改革中的热点难点问题，确保步调一致、稳步推进各项改革试点任务。同时，组建了教育人才服务机构（专门成立了教师工作科），统筹教师培养培训、交流轮岗、就业指导及有关配套服务工作，将原有分散的教师管理职能进行统筹集中，努力构建完善的组织保障体系。

第二，构建舆论引导机制。通过召开全市"县管校聘"工作动员大会、网上公示、设立咨询电话等方式，把国家、山东省、潍坊市推进改革的有关精神及时传达到每一所学校、每一位教师，及时解答广大教职员工的疑问和困惑，让他们深刻领会改革的实质。各学校校长坚持把政策宣传、舆论引导和日常工作有机结合起来，把教师的利益和教育事业的发展有机结

---

① 教职工聘期一般为3年；新招聘教师服务期为5年，所以签订聘期5年的合同；对因产假、病休安排临时工作的，签订1年期限的临时合同；对在单位工作满10年，且距退休不足10年的，可以签订至退休的长期合同。

合起来，形成了正确的舆论导向和良好的工作氛围，争取了教师、学生家长和社会各界的理解、支持。

第三，健全流动激励机制。一是通过健全激励政策，吸引教师积极向农村学校流动，如到农村支教交流人员，服务期满可回原单位优先聘用，在职称评聘时，每年考核优秀可加 3 分等。二是严格执行上级文件要求，切实保证乡镇教师补贴政策、奖励性绩效工资等落实到位，将"有到农村学校、薄弱学校任教 1 年以上的工作经历"作为申报评审高级、正高级教师职称和评选市级以上教学能手、优秀教师、特级教师的必备条件。三是大力推进农村教师周转宿舍建设，专门印发了《关于规范单身教师食宿管理的实施办法》，统一了教师宿舍、厨房、卫生间、活动室等配备标准和设施要求，解决了交流人员的后顾之忧。四是灵活解决交通补贴，规定到农村支教教师可以在原聘任岗位基础上高聘一个等级，解决农村支教的交通补助问题。

第四，严格责任落实机制。落实主体责任，明确校长是第一责任人，教育局班子成员按照督学责任区划分包靠学校，指导学校有序开展工作，对重视程度不够、执行政策不到位、工作力度不大、影响教师队伍稳定的，追究校长和包靠领导的责任。严肃工作纪律，坚决做到五个不准：不准任人唯亲，不准拉帮结派，不准弄虚作假，不准无理取闹，不准打击报复，切实加大监督检查力度，严肃查处各种违规行为。

五、城乡教育均等化制度取得的成就及其原因剖析

通过上述一系列关于城乡教育均等化的体制机制建设，充分激发了广大教师的积极性，优化了教育资源配置，理顺了教师队伍管理体制，有力促进了全市教育优质均衡发展。昌邑市先后创建为"全国首批义务教育发展基本均衡县""全国中小学校责任督学挂牌督导创新县"，市教育和体育局先后荣获"全国教育科研先进单位""全国特色教育示范单位""山东省教育科研先进单位""山东省首批中小学教师县管校聘管理改革示范区"等荣誉称号。从理论上讲，以下城乡教育均等化的举措提升了整体的教育质量。

一是创新了教育管理体系，解决了体制障碍的问题。城乡教育资源分配均等化等一系列改革，不仅进一步明晰了相关职能部门权责，赋予了教育主管部门更多的管理权限，提高了教育管理水平和管理效率，而且理顺了教育主管部门、学校和教师三者之间的关系，打破了教师交流轮岗的体制机制障碍，消除了过去农村教师为了进城拉关系、走后门、不安心工作的不良现象，盘活了教师队伍一盘棋，极大地调动了教师的工作积极性。

二是激发了教师工作积极性，解决了职业倦怠的问题。通过建立健全教师队伍培训均等化、岗位竞聘、绩效考核等体制机制，一方面，倒逼整个教师队伍增强了忧患意识和紧迫感，个别"吃空饷"的问题迎刃而解，充分调动了广大教职工的积极性主动性。另一方面，唤醒了老师们的内生动力，由"要我干"逐渐转变成"我要干"，老师们的敬业精神和综合素质显著提高。

三是通过系列举措，促进了城乡教育资源优化配置，解决了城乡教育失衡的问题。通过一系列城乡教育均等化改革措施，实现了城区的名优教师、骨干教师、特长教师能够向薄弱学校、农村学校有序流动，促进了农村学校教学水平的提升；同时城区教师的流出也加速了本校年轻骨干教师的成长，城乡学校教师年龄、学科、学历、职称结构得到了较大改善，"择校"现象明显改观。2015年，全市共有400多名骨干教师参与跨校竞聘，约占教职工岗位总数的8.7%，涌现出了一大批主动投身农村、促进农村教育发展的先进典型。2018年，市教育局实施县管校聘交流轮岗与破解大班额、落实乡村教师支持计划相结合，加大交流轮岗力度，全市5570人参与县管校聘，全部签订新聘期的岗位聘用合同。义务教育阶段共326人参与跨校竞聘，46名城区优秀教师主动到偏远农村学校支教（其中包括6名学校中层干部、1名省特级教师、9名潍坊市级以上教学能手），将有效提升农村学校教育教学水平。

第二节　城乡医疗均等化制度

对中低收入群体而言，大病以及久治不愈的慢性病耗资巨大，无论对个人还是对家庭都是极为沉重的负担。面对这一难题，昌邑市在大病保险、长期护理保险方面制定了相关措施，积极保障患病群体的生活能够有序进行。

一、昌邑市居民医疗保险大病保险制度运行情况

昌邑市居民医保大病保险制度于 2015 年 1 月 1 日正式实施。居民大病保险实行全省统筹，由省统一向商业保险公司购买医疗保险服务。

（1）提高居民大病保险待遇。居民大病保险无须个人缴费，直接从居民医保基金中划拨。2018 年居民大病保险起付标准为 1.2 万元，个人负担的合规医疗费用 1.2 万元以下的部分不给予补偿。1.2 万元（含）以上 10 万元以下，10 万元（含）以上 20 万元以下，20 万元（含）以上 30 万元以下，30 万元以上分别按 50%、60%、70% 和 75% 的比例补偿。建档立卡贫困人员起付标准减半，各段报销比例提高 5%。一个医疗年度内，居民大病保险每人每年最高给予 40 万元（建档立卡贫困人员 50 万元）的补偿。部分特药纳入大病保险补偿范围，起付标准为 2 万元，按 40% 的比例补偿，最高支付限额 20 万元，建档立卡贫困人员不设起付标。

（2）简化报销流程。严格执行潍坊市大病保险谈判药品的备案、监管、设置、报销流程，人民医院 1 家定点医疗机构，金通、仁和连锁公司的 2 家连锁药店申报成为大病特药的定点单位，人民医院的相关科室的 8 名医生申报为特药责任医师，具体负责参保人员的初评、就医、开药等各项业务。积极与合作的中国人寿保险公司协商，采取与保险公司联合办公的方式，努力实现"一站式"服务，最大限度地方便群众。自 2017 年启动以来，截至 2018 年，共备案大病保险谈判药品参保居民 63 人次，报销 77 人次，合计 447900.80 元。

二、昌邑市职工医疗保险大病保险制度运行情况

昌邑市职工大病保险于 2017 年 1 月 1 日起正式实施，职工大病保险制

度的实施，严格按照上级布置的时间节点和进度安排，重点从材料申报评估、特药医师备案、定点单位设置、报销流程设计、理顺商保合作方面入手，确保大病保险制度稳运行和参保人员的医疗待遇。

（1）提高职工大病保险待遇。职工大病保险特药起付标准为2万元，起付标准以上（含2万元）的部分，从大病保险资金中给予60%的补偿；一个年度内，每位参保患者最高给予20万元的补偿。

（2）严格备案把关，保证申报材料的真实、准确、完整。组织医学专业人员，对申报材料的要求进行了认真系统学习，特别是对一些疑点问题，及时向潍坊市中心业务科室做好汇报对接工作，确保"准入"质量。

（3）合理设置定点，保障参保人员的申请、购药需求。从实际出发，将人民医院1家定点医疗机构，金通、仁和连锁公司的2家连锁药店申报成为大病特药的定点单位，同时，对涉及特药的病种及药品，将人民医院的相关科室的8名医生申报为特药责任医师，具体负责参保人员的初评、就医、开药等各项业务。

（4）优化报销流程，减轻参保人员个人负担。为方便参保人员及时足额享受到相关待遇，积极与合作的太平洋保险公司协商，采取与保险公司联合办公的方式，其派驻一名专职工作人员，具体负责材料的受理、初审、协调各方业务等工作，努力实现"一站式"服务，减少备案审核环节和时间，减少报销材料的确认周期，让数据多跑腿、职工少跑腿。

三、昌邑市职工长期护理保险制度运行情况

2014年下半年，按照潍坊市要求，昌邑市积极做好职工长期护理保险试点筹备工作，2015年1月1日在全市启动实施了试点工作。截至2018年12月底，长期护理保险参保职工达99211人，2018年1~12月共有241人次享受职工长期护理保险待遇，当年支出职工长期护理保险基金569380.29元，长期护理保险基金滚存结余为9257670.94元。具体举措如下。

（1）严格护理保险待遇准入管理。试点起步阶段，牢牢把握既不盲目

冒进，也不消极等待的经办原则，在广泛进行政策宣传的同时，严把待遇准入关，稳妥推进试点工作。对于定点护理机构或申请人提交的申请，一律组织专家进行现场评测复审，确保既不把任何一位符合条件的参保人员排除在外，也不让任何一位不符合条件的享受到不该享受的待遇，保证待遇准入的客观性、准确性、公平性。

（2）多措并举加强护理保险经办运行监管。通过护理保险信息系统，对定点护理机构上传的医疗护理费用和医疗护理服务项目进行监控，及时发现并查处点护理机构的不合理行为。采取定期检查和不定期复核、抽查的方式，对定点护理机构进行监督检查，特别是及时发现并将不符合待遇享受条件的参保人员剔除，杜绝护理保险基金不必要的支出。

（3）强化对定点护理机构医疗护理服务质量考核。围绕5大类18项考核指标，采取日常检查考核与年终考核相结合的考核方式，对定点护理机构的医疗护理服务质量进行考核，规范定点护理机构医疗护理服务行为，保障广大参保人员的医保权益。

医疗保险大病保险和护理保险制度的运行效果已显现。一是"护理难"的问题得到了有效缓解。长期医疗护理保险制度的建立，搭建了以家庭和养老机构为主体的医疗护理服务平台，分流了住院人群，失能老人"挤住院"的问题得到有效缓解。失能、半失能老人居家就能享受医疗护理，足不出户就能接受服务。二是减轻了居民的经济负担。大病报销起点提高，报销比例累进，大大减轻了居民的医疗负担。长期护理保险政策不仅减轻了居民的医疗负担，还减轻了国家的医保负担。由于长期护理保险政策高于住院报销标准，参保职工的医疗费用支出明显降低。数据显示，机构护理和居家护理的人员个人负担比例为7.8%（其中范围内个人自负4%），大大低于住院治疗25%的个人负担比例。三是优化了医疗资源配置，促进了定点护理机构的发展。长期护理保险制度实行"定额包干，结余留用，超支不补"的结算方式，为定点护理机构提供了政策和资金支持，对于优化现有医疗资源配置，促进一二级医院转型发展，引导社会力量举办"医养结合"的养老护理机构发挥了积极作用。

第三节　城乡养老均等化制度

老龄化是中国人口近年来发展的一个典型特征。按照国家统计局公布，2016 年底全国有 2.22 亿老年人，这是按照常住人口的口径计算，全国平均老龄化水平是 16.15%，其中，农村是 18.47%，城市是 14.34%。农村的老龄化水平比城市高出四个百分点。由于农村在基础设施和医疗条件等方面和城市存在显著差异，农村的养老问题更为困难，任务更加艰巨。面对养老难题，昌邑市通过统筹城乡养老保险、提供农村集体养老、社区养老、敬老服务、农村看护服务等一系列措施来应对。

一、昌邑市城乡居民养老保险的资金来源及待遇

城乡居民养老保险基金由个人缴费、集体补助和政府补贴三部分构成。政府对正常缴费人员进行补贴，补贴标准为每人每年 30 元。政府补贴记入个人账户。缴费即补。对选择 500 元及以上缴费档次的，给予每人每年 60 元的补贴。重度残疾人、建档立卡未标注脱贫人员、特困人员、低保对象等困难群体的，由市政府为其代缴全部最低标准的养老保险费。

（1）养老待遇。养老金待遇由基础养老金与个人账户养老金两部分组成，支付终身。基础养老金由政府财政支付，自 2011 年 4 月 1 日起，逐年提高，2019 年 1 月 1 日起调整为每人每月 118 元，65 岁及以上参保人员予以适当倾斜：65～74 岁、75 岁（含）以上人员每人每月分别加发基础养老金 5 元、10 元。落实了农村五保老年人政府供养制度、90 周岁以上高龄补贴制度、80 周岁以上低保高龄津贴制度和失能老年人护理补贴制度，2016 年共计发放各类养老资金 182 万元。

（2）全面落实被征地农民参加居民基本养老保险工作。昌邑市全面落实被征地农民参加居民养老保险政策，积极稳妥地推进被征地农民养老保

险工作。截至 2018 年，全市 10 个镇街共 102 个村 67666 人落实被征地农民参加居民基本养老保险工作，涉及征地 5702.8365 亩，落实社保资金 6189.7968 万元。

二、农村集体养老、社区集体养老与敬老服务

昌邑市督促全市养老机构与辖区内镇街区卫生院、社区卫生服务中心以及市直各医疗单位签订合作协议，为入住养老机构的老年人提供全方位的医疗服务。

（一）农村养老三点举措：建设养老院，提高老人经济待遇，落实家庭养老

第一，关于养老院建设。一方面，发挥政府主导作用，总投资 2.5 亿元的昌邑济贤养老中心项目主体工程已基本完成，总建筑面积达 5 万平方米，全部建成投入使用后可新增床位 1600 张。另一方面，加快推进镇街敬老院建设，饮马镇敬老院一期工程已建成并投入使用，二期工程已完成主体工程；龙池镇投资 7000 万元建设山东颐爱养老康复中心，设 300 个床位，10 月开工建设；北孟镇敬老院已完成设施配套，正在进行招商；卜庄镇已完成选址并通过上级民政部门争取到了土地指标。村级层面，全市已建成农村幸福院 36 处，床位达到 893 张。同时，积极争取优惠政策，提升现有养老机构的水平，先后投资或争取上级资金 438 万元，用于镇街敬老院提升改造和农村幸福院建设。

第二，关于提高老人经济待遇。龙池镇每年投入 500 万元，为全镇 65 岁以上的老人落实了定期健康查体、缴纳养老医疗保险、节假日生活补贴等福利待遇，让老人免去后顾之忧。

第三，关于家庭养老。完善镇村两级孝德理事会，落实家庭养老制度，定期组织镇、村干部到老人家中走访，让老人评价儿女，形成"以孝为荣、以逆为耻"的良好氛围，逐步提高群众的责任意识和感恩意识。通过评选"孝星文明户""好儿女""好婆媳"等活动，大力弘扬敬老、爱老、养老、助老的传统美德，全镇形成了孝老爱亲新风尚。

（二）社区集体养老两点举措：重点养老项目建设，成立居家养老服务组织

昌邑市通过多种形式宣传引导、动员社会力量参与兴办养老服务机构，初步形成了政府养老、社区养老、民办养老相互补充、相互促进的发展格局。重点养老项目建设情况是，昌邑济贤养老中心一期工程5栋老年公寓已通过消防验收，正在办理其他手续，争取尽快投入运营；山东颐爱养老康复中心一期工程主体完工，正在进行设施配套；昌邑市嘉邑幸福苑养老康复中心已办理土地手续，正在进行开工前准备工作；石埠经济发展区建设3处养老院，其中石埠经济发展区敬老院与乡镇卫生院合作，建设医养结合养老机构；奎聚街道东利老年公寓、辛一老年公寓2处社区集体养老机构，对本社区70岁以上的老年人免费，现已有100多名老人入住，其中，东店社区还给每位老人每月发放100元零用钱；医疗方面，在合作医疗报销后剩余部分由社区承担，让社区老年人充分享受到经济发展的成果，解除了子女的后顾之忧，促进了家庭和谐、社会和谐。一系列社区养老措施落实到位后，2017年底昌邑市14处城市社区全部配套社区日间照料中心，实现全覆盖。2018年上半年，昌邑市委托昌邑济贤养老中心建设"12349"养老服务信息平台，并规划建设2处示范性社区服务中心，成立居家养老服务组织，为全市老年人提供社区居家养老服务。

（三）敬老服务

为大力弘扬敬老文化，增强全社会敬老意识，进一步营造尊老敬老、爱老助老的良好社会氛围，培养和践行社会主义核心价值观，山东省老龄办在全省开展了山东省敬老文化教育基地（示范点）建设和命名活动，拟定43个单位为山东省敬老文化教育基地（示范点）。下营镇军营村敬老文化教育示范点经过层层审核，荣登榜上。军营村先后投资200余万元，对村内自来水进行改造，主要道路全部进行了硬化绿化，安装了村志碑，新建了占地1000平方米的孝德广场，主要道路两侧绘制墙体文化图，树立四德榜和表彰榜，提倡移风易俗、丧事从简，村容村貌有了明显改变。全村形成了比文明、比卫生整洁、比文化品位，人人争当孝亲敬老好村民，争创文明和谐家庭的良好风气。

三、农村看护服务

与农村养老问题并存的是农村老人看护问题。我国已进入老龄化社会，养老的社会压力也促使养老模式逐渐向多元化方向发展，在此过程中农村老人的看护也是至关重要的。良好的看护条件有助于提高老年人生命价值和生活质量，切切实实让老年人有更多的获得感、幸福感。

在"未富先老"这一社会现实面前，农村老人看护问题尤为突出。我国老年人口 3/4 在农村，老人看护问题重点在农村，难点也在农村。农村老人看护的困境主要体现在三个方面。一是经济供养不足。较城镇来说，农村整体经济发展水平相对较低，而且公共服务投入无法达到城市水平，所以生活环境较差。就个体而言，部分农村老人仍然以耕种为生，经济收入低，加之生活物资开销、医药开销、抚养子孙开销等导致农村老人看护产生各种各样的困境，陷入了经济供养不足的局面。二是身体照料不周。根据第六次人口普查结果显示，有 7.41% 的老人因为身体状况或其他原因不能自我照顾。然而，子女因外出务工缺乏照料时间，这样便会产生老人身体照料不周的问题。除此之外，农村老人因较少关注健康信息、需要承担家务以及照看子孙的责任等，忽视对自身健康的关注。三是精神慰藉缺乏。农村老人因身体原因导致失去劳动能力，生活的空虚更易产生孤独等不良情绪，尤其一些临终老人受传统死亡观的影响，加剧了对死亡的恐惧感和排斥心理，最终以痛苦且无尊严的方式离世。

通常，受传统观念影响，农村老人其中一个心愿就是有子女赡养。因此，乡土下的中国，以家庭为单位对老人进行看护依旧是首选。目前，随着经济发展、人口流动等，传统的"大家庭"结构慢慢被解构，这样家庭看护模式功能逐步减弱，以个人为主的小型化家庭结构逐渐取代原来的以宗族为主的大家庭。面临距离问题、经济压力等问题，单一的以小型家庭为单位的看护模式显然不能满足老人看护的需求。在人口老龄化的社会背景下，社区养老、居家养老和机构养老也成为老年人可选择的方式。受年龄、文化程度、收入、健康情况、子女数量，以及社会文化、环境等因素的影响，老年人选择不同的看护模式。那么，部分农村在无社区养老、无子女居家养老、无经济能力机构养老的背景下，如何对老人进行看护？

以山东省昌邑市小南孟村为例。小南孟村位于山东省潍坊市昌邑市北孟镇境内，建于明初，拥有丰富的物产资料和悠久的历史文化传统。全村现有 670 户，共有 2400 口人，村民主要以大姜、草莓等农业种植为主。2015 年以来，小南孟村深入贯彻落实国家政策，大力发展集体经济，以集体共同创收为发展目标，取得了较好的成绩，至 2017 年，小南孟村人均收入已达到 1.7 万元。即使如此，照顾农村老人依然面临一定的经济、社会压力。为健全农村基础服务体系，小南孟村集体出资建立敬老院并雇佣本村人专门对 60 岁以上五保户老年人或无人看护的老人进行照顾。小南孟村养老院是由村集体房屋改建而成，不存在使用权归属问题；养老院为老年人们雇佣本村义工照料老年人们的生活起居，以保证照料老人者对老人身体状况更为了解；值得一提的是，雇佣义工的工资由五保户基金出资，由村集体经济补缺，不存在资金来源问题。"人、钱、地"问题都有效解决。这一举措颇见成效。

整体来看，小南孟村提供了农村看护的一种模式，即以集体经济为依托，村集体出资进行看护，利用熟人、半数人社会的优势，雇佣本村人以保证了解老人并细心照顾老人。小南孟村将无人照顾的老人统一照料这一举措不仅满足了老人的需要，而且减轻了其子女的看护压力。

第四节　城乡环卫一体化制度

习近平总书记强调，良好的生态环境是最普惠的民生福祉。[①] 一个地区环境卫生直接反映着文明程度和发展环境，更代表了一个地区的对外形象和软实力。

环卫问题的难度在于污染物分散导致的收集困难，激励不足导致的参

[①] 中共中央宣传部：《习近平总书记系列重要讲话读本》，人民出版社 2014 年版，第 121 页。

与积极性缺乏。考虑至此，昌邑市在全国率先实施城乡环卫一体化，将环卫工作"发包"给市场（企业），以环卫项目为载体，以环保行动为抓手，严格激励和监督机制，建立并维护了"统一收集、统一清运、集中处理、资源化利用"的环卫模式。不仅改善了城乡人居环境，还为全国提供了可借鉴的环卫一体化"昌邑模式"。

一、发挥政府的主导作用

（一）财政支出三级承担

考虑到城乡环卫一体化的财政压力，昌邑市政府建立政府主导、村民参与、社会支持的投入机制。农村日常保洁及垃圾收集、清运、资源化利用费用纳入市财政统筹，市级承担40%，镇级承担20%，村级通过村集体出资、"一事一议"筹资筹劳承担40%。这种投入模式避免了"政府买单"带来的增加市财政压力，不长效的弊端，村民拿得起、付得值、得实惠，从根本上平衡了市民和村民的利益，在享受到同等待遇、同等服务前提下，承担同等的责任和义务，增强了村民的环卫意识，得到广大村民的理解、支持和拥护，为城乡统筹提供了有力保障。

（二）建立"统一收集、统一清运、集中处理、资源化利用"的模式

城乡生活垃圾传统收运处理模式是"户集、村收、镇运、市处理"，存在着管理链条长、管理主体多、重突击不长效、各自为战、易劳民伤财、造成二次污染等弊端。为统筹城乡发展，全面改善农村生活环境卫生状况，昌邑市针对这些弊端，创新建立了"统一收集、统一清运、集中处理、资源化利用"城乡生活垃圾收运处理"昌邑模式"。市政府将全市10个镇街区驻地、691个村（社区）的道路保洁、垃圾收运全部委托康洁公司，由"户、村、镇、市"四个管理主体变为一个管理主体，实行由环卫局监管、康洁环卫公司运营的"一杆到底"管理模式，由康洁环卫公司负责对全市城乡生活垃圾进行统一收集、统一清运、集中处理。进一步理顺了管理秩序，明确了职责，推动了全市城乡环卫一体化的顺利开展。

（三）以环卫工作项目为载体

以环卫项目为载体，昌邑市实施城乡环卫一体化三年来，全市691个行政村中有687个村庄加入了城乡环卫一体化行列，实现了"有偿服务，委托管理"。

1. 不断增加服务项目，努力提高托管质量

该市环卫局坚持"回头看"，从头开始展开村容村貌集中整治活动，每月安排一个村容村貌的重点整治项目，月底逐项落实、逐村检查验收。不断增加服务项目，让村民真正得到实施城乡环卫一体化带来的看得见、摸得着的实惠。先后开展完成了托管村的草堆土堆清理、路边杂草清理、土路整平与修边开沟、排水沟清理、村头垃圾清理、村庄出入口道路清理、村周围垃圾袋捡拾清理、墙面线杆小广告清理等工作。在此基础上，借势搞好村路硬化、绿化、美化、亮化，加强村级文化大院、健身广场等基础建设，提升乡村文明水平和村容村貌，进一步改善农村的人居环境，让村民享受到城市化服务。

2. 不断拓展保洁范围，实现保洁内容日常化

在清扫保洁好村内主要道路的同时，逐步拓展保洁范围，由村主干道向小巷扩展，由路面扩展到沟底、墙根，从地面扩展到了墙面。平日保洁由村内扩展到村周围、村出入口道路两旁，并逐步实现了经常化、日常化清理。对村内路边杂草、排水明沟、绿化带，进行彻底清理以后，实现常态化管理保洁。对垃圾桶、垃圾池及周围，根据季节进行定期喷洒除蝇药物，达到了除蚊、除蝇、除臭的保洁效果。对基础设施建设较好的村庄三边两线一头（三边：池塘边、河边、沟边；两线：公路沿线，铁路沿线；一头：村头）的沉积垃圾进行专项清理，彻底解决了镇、村"垃圾围镇""垃圾围村"和环境卫生脏、乱、差现象。

3. 向盲区、卫生死角延伸，实现托管全覆盖

逐步把镇街驻地厂矿企事业单位、个体工商户、菜市场、背街小巷以及"三不管"盲区等纳入了一体化管理范围，同时，将全市沿主要公路沿线的企业、单位也纳入了管理范围，有效地解决了厂内生活垃圾向厂外随意乱倒，污染村庄周围环境的问题。实现了"全方位、无缝隙、全覆盖"

"大环卫"格局。

4. 严格的检查监督和激励机制

2017 年以来，昌邑市环卫局对 140 余家签约单位的餐厨废弃物进行收运处理。为了确保餐厨垃圾处理收运工作能够顺利、有效地实施，市政府根据《山东省餐厨废弃物管理办法实施方案》，结合实际，印发了《贯彻落实山东省餐厨废弃物管理办法实施方案》的通知，使餐厨垃圾管理从无序状态逐步步入规范化轨道，使餐厨垃圾管理工作"有法可依"。

环卫局根据管理办法每月对餐厨垃圾产生单位进行抽查，检查餐厨垃圾的分类情况与餐厨垃圾桶的使用情况等，对于餐厨垃圾中掺入生活垃圾及其他垃圾或故意损坏餐厨垃圾桶的行为进行处罚，由环卫局下达通报，督促餐厨垃圾产生单位立即整改。同时对餐厨垃圾清运单位进行考核，按最终考评得分拨付餐厨废弃物的处置补贴费，月度考核平均得分高于 90 分（含 90 分），全额支付补贴费；月度考核平均得分每降低 1 分扣除当月经费的 0.3%；低于 70 分，不予拨付经费，并由监管部门责令限期整改，整改仍未达标时，监管部门有权解除合同。经统计，2017 年共清运处理餐厨垃圾 2092.2 吨，财政支出 586936 元；2018 年截至 10 月份共清运处理餐厨垃圾 3123 吨，财政支出 874547 元，基本实现了学校、大型商务酒店、餐饮聚集区的餐厨垃圾的全覆盖收运工作。

二、发挥规模企业的主体作用

昌邑市将垃圾清运工作委托给山东满国康洁环卫集团（以下简称"集团"），集团将昌邑市居民的生活垃圾"统一收集、统一清运、集中处理、资源化利用"，不仅改善了生态环境，还节约了成本。集团拥有资产 7.5 亿余元，员工 8 万余人，下设 123 个党支部，党员 1856 名。主营业务涵盖了道路清扫保洁、垃圾收集处理、城乡环卫服务咨询设计、"智慧环卫"最优方案提供、垃圾分类回收、环境人才培训教育、垃圾无害化处理资源化利用、新能源环卫装备研制等。

（一）公司的项目化垃圾处理模式

在全市 10 个镇街区各设一处环卫项目部，配备专业的队伍和专业的设备，具体负责所辖镇街区驻地及托管村的环卫保洁和垃圾清运的工作；即按每 10 个村设 1 名管理员，每 100 户设 1 名保洁员的标准，配备相应数量的保洁员，负责本村的环卫工作；按每 10 户村民设置 1 个垃圾桶的标准，全市镇街区驻地、农村共设置了垃圾桶 20000 多个，按 15 个村配备一辆侧装式垃圾清运车的标准，全市城乡配备 50 余辆；投资 1200 万元，建成 10 处垃圾中转站，达到"一镇一站"的目标；按照《城乡生活垃圾收集、运输和处置服务规范》的要求，对农村的生活垃圾统一清运、压缩、中转，实现了生活垃圾"收集运输全封闭，日产日清不落地"的目标，确保村民享受到与城市居民一样的环境保洁优质服务。昌邑环卫通过市场化运作，走出了昌邑，走向全国，先后成立了 100 余处托管项目部，辐射河北、安徽等 8 个省份 40 个县市区，在全国铸就了叫得响、站得稳"昌邑品牌"，将小环卫做成了大事业，带动了全国环卫事业的大提升。

（二）公司拥有专业化的人才和设备

满国康洁环卫集团彻底颠覆了传统的扫帚、搓斗、铁锹和手推车"老四样"环卫作业模式，先后配备机扫车、高压清洗车、垃圾翻桶车、压缩清运车等大中型专业设备，大力推行以机械化为主、人工保洁为辅，作业能效"1 + 1 > 2"的高效作业模式，打造了一支机械化、高效能的环卫作业队伍。同时，高度重视专业人才队伍建设，培养和汇聚了一流的专业化管理团队和技术团队，拥有高级工程师 30 多人、专业技术人才 350 多人。集团先后通过了 ISO9001 国家质量体系认证、ISO14001 环境管理体系认证、GBT28001 职业健康管理体系认证。

（三）公司创新信息化管理，提高管理效率

为有效解决服务项目分布广、距离远，管理难度大、成本高的难题，满国康洁环卫集团结合"智慧昌邑"建设，充分运用互联网、物联网、大数据和云计算等技术手段，打造集调度指挥、管理服务、监督考核于一体的"智慧环卫"系统，实现对人员、车辆、城乡道路保洁、垃圾清运情况的实时监控、实时调度。在所有环卫作业、管理用车上安装了 GPS 定位终端，实现车辆管理监督"即时化"；为环卫一线管理人员配备了具有 GPS 定位、群组呼叫等功能的对讲手机，实现人员考勤管理"信息化"；在全国率先将物联网技术应用于垃圾清运系统，在垃圾桶上全部安装了电子芯片，在垃圾收运车上安装电子扫描仪，通过信息交换，实现垃圾清运管理"数字化"；充分利用"智慧昌邑"建设的"统一视频监控平台"，监控出城路口、垃圾处理厂和清运停车场环卫作业工作情况，实现机械作业监管"可视化"；利用环卫无人机巡检和大数据平台分析，实现运营考核质量评价"智能化"；建立网络化办公系统，实现集团办公"无纸化"。通过科技与人的有机结合，把环卫工作的细枝末节都管控到位，大幅度提高了管理水平。

（四）强化市场化运作，将业务范围扩至国际

环卫产业是发展潜力巨大的朝阳产业，有极其广阔的市场需求。满国康洁环卫集团抓住这一有利机遇，在承接昌邑全市城乡道路保洁、垃圾清运的基础上，依托先进的保洁模式和雄厚的技术力量，大力实施"走出去"战略，加快推进市场化输出，让环卫"小扫帚"走向了国内外大市场。实行派出一个项目经理加一套"标准化体系"、完成一个"环卫服务项目"的快速复制发展模式，相继承接了安徽、河北、江苏、河南、宁夏等25个省、自治区120多个市县的600多个城乡道路清扫保洁、垃圾清运服务项目，合同额达到143亿元。抢抓"一带一路"建设机遇，积极拓展国际市场，承接巴基斯坦卡拉奇市合同额46亿元的环卫保洁业务。集团业务已经拓展到巴基斯坦、哥伦比亚等6个国家，开创了"中国标准"引领"中国服务"走出去的先河。

（五）加快产业化发展，将环境保护转化为生产力

满国康洁环卫集团不仅把环卫保洁作为社会事业来运作，而且积极推动"昌邑模式"向生产力转化，把环卫产业作为新兴产业的"生力军"进行培育、打造。在做大保洁主业的基础上，实行全产业链发展模式，实现了需求研发有机对接、二三产业跨界融合、线上线下虚实结合、培训教育一体发展。环卫设备生产板块。满国康洁环卫集团与青岛同辉集团研发制造侧装式垃圾封闭运输车，联合山东五征集团研制道路垃圾捡拾车，与昌邑华彤环卫科技有限公司共同研发生产道路除尘机及呼扫车。投资5亿元成立"山东满国康洁环卫装备有限公司"，承担潍坊市级工程技术研究中心项

目、山东省发改委"泰山产业领军人才"项目，研发制造"新能源"扫路车、多功能高压洗扫车、新型落叶清扫车、低噪音鼓风机、智慧环卫平台、环卫无人机、垃圾车称重油耗探测装置等新技术产品，获得国家实用新型和外观专利80多项，其中"智能化垃圾清运管理系统"项目获潍坊市科技进步奖；"城乡生活垃圾资源化利用"项目获山东省科技进步奖，被国务院发展研究中心专家组予以充分肯定并在全国推广。在环卫设备交易板块，顺应互联网发展大趋势，建成运营国内首家国家级环卫网站——中国城乡环卫网，会员达到8000多家，吸引全国500多家环卫设备研发、生产和销售企业入驻。投资5.2亿元、建设面积17.2万平方米的满国康洁环卫产业园，打造"四中心一基地"。其中展示交易中心，与城乡环卫网虚实结合，采取线上了解、线下体验、线上线下一体化交易的O2O模式，打造全国环卫设备展示、交流、交易、合作的平台。中联重科、青岛同辉、五征集团等100余家国内知名环卫设备生产企业有意向来园区展览、交易。在制衣板块，在承担集团职工制服制作任务的基础上，对外承接城管、公安、园林、酒店等制服生产业务。在教育培训板块，联合潍坊技师学院昌邑分院开展环卫专业人才培训，并实施教育培训产业化运作、一体化发展。投资建设山东环境工程职业学院，设置环境工程、环境信息、汽车检测与维修等相关专业，培养环卫高级"蓝领"，补齐环卫产业人才短板。强化与新加坡、澳大利亚、台湾地区环境工程类大学的加盟合作和推介交流，着力打造全国首家环卫行业教育培训基地。

三、以农村人居环境整治行动为抓手，调动公众积极性

环境治理需要公众参与，这样才能保证治理效果的长久性。昌邑市以农村人居环境整治为抓手，充分调动了公众的积极性，巩固了城乡环卫一体化的效果。

（一）深化农村环境综合整治

以美丽乡村建设为引领，实施农村人居环境综合整治行动，完善以奖促治政策，扩大连片整治范围。继续推行垃圾就地分类减量，实施农村生

活垃圾分类试点。推进政府购买服务、专业保洁公司一体化运营，不断完善"六化"昌邑模式，推动城乡环卫一体化工作常态化、长效化发展。搞好农村生活污水处理，与发展生态农业、循环经济相结合，建立多形式、低成本、高效率的污水处理体系，2020年村庄污水处理率达到35%。争创山东省森林城市，积极引导各镇街区开展森林镇街、森林村居创建活动。按照不同村庄类型因地制宜、分类施策，有序推进农村社区规划建设，保护乡村山水田园景观，提升村容村貌。加大历史文化名镇名村、传统村落、传统民居及村镇历史文化遗存的保护力度，建设体现地域特点、民族特色和时代特征的乡村建筑。开展美丽乡村"示范村""示范片区"建设，引领整体提档升级。加强农村环境监管能力建设，严禁工业和城镇污染向农业农村转移。

（二）改善农村基础设施条件

通盘考虑城乡基础设施建设，促进城乡基础设施互联互通、共建共享。继续推进农村道路、厕所、供电、学校、住房、饮水、供暖"七改"工程，制定完善"七改"建设标准。

加快推进农村危房改造，2018年基本完成全市存量农村危房改造任务。坚持不懈推进"厕所革命"，全面完成39353户农村改厕三年任务，让农民群众用上洁净厕所。规划启动城市街道农业村庄的改厕工作。推进"四好农村路"建设，启动实施农村内部道路硬化工程，2020年基本实现农村道路硬化"户户通"。加快推进农村冬季清洁供暖，到2018年底，力争全部农村公共场所和农村新型社区实现冬季供暖。加快"空心村"环境整治，探索在不改变宅基地权属的基础上，拆除空房旧宅进行绿化或建设小型文体广场。推进农村饮水安全巩固提升，保障农村供水保证率、水质达标率和群众满意率保持在较高水平。到2018年确保所有农村义务教育学校达到国家办学条件"20条底线"要求。深化实施"煤改电"工程，持续推进电能替代，加快开展农村电网升级改造，2020年底前建成现代农村电网，实现农村主要道路有照明路灯。

（三）推进潍河流域综合开发

通过潍河流域开发，将生态与经济有效结合，改善环境的同时，为农民增收，以此调动公众参与的积极性。把"以农为基、以水为魂、以绿为脉、农文旅结合"作为核心要素，促进潍河流域生态环境与经济社会全面协调、可持续发展，提升饮马博陆山风景区、石埠青山秀水旅游度假区建设水平，加快文山森林公园、围子花彩小镇、奎聚石湾特色小镇、下营月牙湖湿地森林公园、龙池红色龙乡文旅小镇、卜庄历史文化研学小镇等项目建设。全力抓好万亩海产品养殖、万亩梨枣、万亩桑园、十万亩优质大姜等10个万亩级产业。通过这一系列举措，农业竞争力显著提高，农民收入持续增加，公众参与积极性增强。

昌邑市城乡环卫一体化的模式在全国具有一定领先地位，其经验也具推广性，昌邑市的生活垃圾不仅全部得以处理，为居民提供了优美的生活环境。而且在2018年度创建全国文明城市测评中，昌邑市成绩在全国县级提名城市中位列山东省第3位、潍坊市第1位。这些成绩与城乡环卫一体化的"昌邑模式"是分不开的，这一经验可总结如下。

第一，充分发挥市场在配置资源的决定性作用，提高环保的获益，使之产业化、规模化，持续提高环境治理的效率。充分发挥政府的主导作用，众所周知，生态环境外部性较强的公共品，不仅难以定价，而且治理收益具有不确定性。这一特征使市场在环境治理中极易失效，这时政府的主导作用就显现出来了。政府的财政引导及严格的监督机制和项目化管理机制，激励企业积极进行环境治理活动。政府与市场的有效结合使城乡环卫一体化的效果得以长久。

第二，智慧化管理是提升环卫效率的保障。环卫工作涉及面广、工作量大，需要大量人力、物力，监管服务难度很大。只有积极运用"互联网+"等信息化技术，才能够对人员、车辆、道路保洁、垃圾清运等情况实行智能化管理、即时化调度，从而提高管理效能和发展水平。

▶ **案例5.1**

深入推进"六化"发展　实现"小扫帚"变身"大产业"

城乡环境卫生工作关系群众日常生活，反映城市发展水平。作为国内城乡环卫一体化的"吃螃蟹者"，满国康洁环卫集团用了7年时间从一个靠扫帚作业的县级环卫保洁队，发展成高度融合互联网，环卫设备制造、环卫服务咨询设计、"智慧环卫"最优方案提供、环境人才教育培训等全产业链发展，业务覆盖全国 25 个省、自治区 120 多个县市并走出国门的大型环卫集团，2015 年 7 月完成股份制改造，实现"华丽转身"，在全省、全国树立起响当当的"昌邑品牌"，成为全国环卫产业的"领头羊"。先后荣获"全国环卫行业优秀集体""国家级服务业标准化试点和示范单位""全国环卫行业创新奖""山东省服务业发展示范单位""山东省服务名牌""山东省标准化工作先进单位""省长质量奖提名奖"等称号。针对传统垃圾处理模式链条长、环节多、标准低的问题，满国康洁环卫集团大胆探索、创新模式，以"六化"促进科学化发展。

（1）打造专业化队伍，让"小扫帚"展现新形象。满国康洁环卫集团彻底颠覆了传统的扫帚、搓斗、铁锹和手推车"老四样"环卫作业模式，先后配备机扫车、高压清洗车、垃圾翻桶车、压缩清运车等大中型专业设备，大力推行以机械化为主、人工保洁为辅，作业能效"1＋1＞2"的高效作业模式，打造了一支机械化、高效能的环卫作业队伍。同时，高度重视专业人才队伍建设，培养和汇聚了一流的专业化管理团队和技术团队，拥有高级工程师 30 多人、专业技术人才 350 多人，集团董事长范满国当选"泰山产业领军人才"。集团先后通过了 ISO9001 国家质量体系认证、ISO14001 环境管理体系认证、GBT28001 职业健康管理体系认证。依靠这样一支技术过硬的高素质专业化队伍，满国康洁环卫集团加快向中国环卫行业领军企业发展，着力打造国际环卫服务品牌。

（2）实施标准化作业，让"小扫帚"提升高质量。满国康洁环卫集团充分发扬精益求精的"工匠精神"，在标准化建设上铆足劲，把服务做成标准，固化形成可复制的、可推广的城乡环卫一体标准化"昌邑模式"。把环卫清扫保洁、垃圾清运处理每个环节、每个服务流程、每个岗位要求都进行梳理总结升华，搭建起以通用基础标准体系为基础、以服务提供标准体系为核心、以服务保障标准体系为支撑包括 521 项标准的服务标准体系。牵头制定的《城乡环卫一体化服务规范》《村镇环卫保洁服务规范》《村镇生活垃圾收集、运输服务规范》《村镇建筑垃圾收集、运输和处置服务规范》

四项标准已作为山东省地方标准正式发布实施，并已申报国家标准，有效提升了环卫管理的规范化、常态化水平。在提高标准的基础上，满国康洁环卫集团严格加强管理，在奖勤罚懒上动真格，建立了集团、项目部、管理人员、保洁员四级考核制度，依据考核定奖惩，进一步提高了保洁质量和服务水平。科学细致的标准和严格的考核机制是满国康洁环卫集团领航环卫产业的制胜法宝，也正是由于满国康洁环卫集团对质量近乎苛刻的要求，集团先后荣获潍坊市市长质量奖、山东省省长质量奖提名奖。

（3）创新信息化管理，让"小扫帚"拥有大智慧。为有效解决服务项目分布广、距离远，管理难度大、成本高的难题，满国康洁环卫集团结合"智慧昌邑"建设，充分运用互联网、物联网、大数据和云计算等技术手段，打造集调度指挥、管理服务、监督考核于一体的"智慧环卫"系统，实现对人员、车辆、城乡道路保洁、垃圾清运情况的实时监控、实时调度。在所有环卫作业、管理用车上安装了 GPS 定位终端，实现车辆管理监督"即时化"；为环卫一线管理人员配备了具有 GPS 定位、群组呼叫等功能的对讲手机，实现人员考勤管理"信息化"；在全国率先将物联网技术应用于垃圾清运系统，在垃圾桶上全部安装了电子芯片，在垃圾收运车上安装电子扫描仪，通过信息交换，实现垃圾清运管理"数字化"；充分利用"智慧昌邑"建设的"统一视频监控平台"，监控出城路口、垃圾处理厂和清运停车场环卫作业工作情况，实现机械作业监管"可视化"；利用环卫无人机巡检和大数据平台分析，实现运营考核质量评价"智能化"；建立网络化办公系统，实现集团办公"无纸化"。通过科技与人的有机结合，把环卫工作的细枝末节都管控到位，大幅度提高了管理水平。

（4）强化市场化运作，让"小扫帚"走向大舞台。环卫产业是发展潜力巨大的朝阳产业，有极其广阔的市场需求。满国康洁环卫集团抓住这一有利机遇，在承接昌邑全市城乡道路保洁、垃圾清运的基础上，依托先进的保洁模式和雄厚的技术力量，大力实施"走出去"战略，加快推进市场化输出，让环卫"小扫帚"走向了国内外大市场。实行派出一个项目经理加一套"标准化体系"、完成一个"环卫服务项目"的快速复制发展模式，相继承接了安徽、河北、江苏、河南、宁夏等25个省、自治区120多个市县的 600 多个城乡道路清扫保洁、垃圾清运服务项目，合同额达到 143 亿元。抢抓"一带一路"建设机遇，积极拓展国际市场，承接巴基斯坦卡拉奇市合同额 46 亿元的环卫保洁业务。业务已经拓展到巴基斯坦、哥伦比亚等 6 个国家，开创了"中国标准"引领"中国服务"走出去的先河，赢得外交部、商务部、住建部的充分肯定，被国家质检总局总结成政务信息上报国务院办公厅。

（5）加快产业化发展，让"小扫帚"做出大文章。满国康洁环卫集团不仅把环卫保洁作为社会事业来运作，而且积极推动"昌邑模式"向生产力转化，把环卫产业作为新兴产业的"生力军"进行培育、打造。在做大保洁主业的基础上，实行全产业链发展模式，实现了需求研发有机对接、二三产业跨界融合、线上线下虚实结合、培训教育一体发展。环卫设备生产板块。满国康洁环卫集团与青岛同辉集团研发制造侧装式垃圾封闭运输车，联合山东五征集团研制道路垃圾捡拾车，与昌邑华彤环卫科技有限公司共同研发生产道路除尘机及呼扫车。投资 5 亿元建立"山东满国康洁环卫装备有限公司"，承担潍坊市级工程技术研究中心项目、山东省发改委"泰山产业领军人才"项目，研发制造"新能源"扫路车、多功能高压洗扫车、新型落叶清扫车、低噪音鼓风机、智慧环卫平台、环卫无人机、垃圾车称重油耗探测装置等新技术产品，获得国家实用新型和外观专利 80 多项，其中"智能化垃圾清运管理系统"项目获潍坊市科技进步奖；"城乡生活垃圾资源化利用"项目获山东省科技进步奖，被国务院发展研究中心专家组予以充分肯定并在全国推广。环卫设备交易板块。顺应互联网发展大趋势，建成运营国内首家国家级环卫网站——中国城乡环卫网，会员达到 8000 多家，吸引全国 500 多家环卫设备研发、生产和销售企业入驻。投资 5.2 亿元、建设面积 17.2 万平方米的满国康洁环卫产业园，打造"四中心一基地"。其中展示交易中心，与城乡环卫网虚实结合，采取线上了解、线下体验、线上线下一体化交易的 O2O 模式，打造全国环卫设备展示、交流、交易、合作的平台。截至 2018 年，已有中联重科、青岛同辉、五征集团等100 余家国内知名环卫设备生产企业意向来园区展览、交易。联合潍坊技师学院昌邑分院开展环卫专业人才培训，并实施教育培训产业化运作、一体化发展。投资建设山东环境工程职业学院，设置环境工程、环境信息、汽车检测与维修等相关专业，培养环卫高级"蓝领"，补齐环卫产业人才短板。强化与新加坡、澳大利亚、台湾地区环境工程类大学的加盟合作和推介交流，着力打造全国首家环卫行业教育培训基地。

（6）完善常态化机制，让"小扫帚"趟出新路子。满国康洁环卫集团创新建立"统一收集、统一清运、集中处理、资源化利用"的垃圾处理新模式，走出了一条政府花钱购买服务、事企分离、管干分开的市场化新路子，改变了以往政府既当"裁判员"又当"运动员"的传统环卫模式，实现了政府花最合理的钱、让百姓享受最优质的服务。变传统"户、村、镇、市"四个运营主体为"满国康洁环卫"一个主体，每100户设1名保洁员，在每个镇街设立垃圾中转站，配备充足的清运机械和垃圾桶，明确了责任，理顺了关系，实现了环卫保洁全覆盖。建立多元化投入资金保障机制，按照"谁产生、谁付费"的原则，建立了市、镇、村分级投入机制，市镇两级财政承担60%以上的环卫托管经费，解决了钱从哪里来的问题，为城乡环卫一体化健康发展、持续发展提供了资金保障。

满国康洁环卫集团坚持"六化"推进，加快做大做强，让小小的"扫帚"具备了巨大的发展潜力和市场活力，有力推动了生态文明建设和环卫产业发展。

一是提升了昌邑城乡文明水平。满国康洁环卫集团对昌邑全域进行全方位"保姆式"卫生保洁，实现了垃圾"收集运输全封闭、日产日清不落地"，有效解决了环境卫生"脏、乱、差"现象和"垃圾围村"难题，让农村居民享受到了与城市居民一样的环境保洁服务，进一步改善了城乡生态环境，提高了群众的幸福感和满意度。城乡环境的改善，也促进了社会和谐文明程度的大提升。昌邑市先后被授予"全国生态文明先进市""中国美丽乡村建设典范市""全国文明城市县级提名城市"等荣誉称号。

二是带动了全国环卫产业发展。满国康洁环卫集团不仅改善了昌邑的城乡环境面貌，而且已经让全国160多个县市区的城乡不同形式地享受到"昌邑模式"带来的红利。集团制定的521项环卫服务标准，引领了环卫行业发展的方向。正在运营的600多个城乡道路清扫保洁、垃圾清运服务项目，成为标准化实验基地，为行业发展提供了参考和借鉴。组织举办6届中国环卫清洁行业高端论坛暨设备展、16期中国环卫管理高级人才培训班。建成650平方米标准化展示大厅、650平方米智慧环卫平台、1200平方米的中国城乡环卫网站大厅，向全国各地参观考察团（组）展示环卫服务标准化经验做法，成为全国环卫服务标准化经验交流中心和示范基地。

三是实现了集团规模膨胀壮大。满国康洁环卫集团在为群众提供优质环卫服务的同时，迅速发展壮大了自身实力。从2008年至今，满国康洁环卫集团员工由260人发展到8万人，环卫作业车辆由17辆发展到1万多辆，年营业收入由240万元发展到20亿元，实现了经济效益、生态效益和社会效益的"多赢"。

从中得到以下四点认识和体会。

第一，群众认可是实施的前提。群众既是环境卫生的参与者，也是受益者。只有强化群众的主人翁意识和"自己家园自己建"的观念，让群众真切感受到实施城乡环卫一体化给周边环境带来的变化，才能充分调动群众的积极性，从根本上改变传统落后的生活习惯，使爱护环境卫生成为自觉行动，实现良性循环。

第二，模式创新是成功的关键。破解多年形成的农村垃圾处理难问题，关键在于打破常规。昌邑市创新垃圾收集、清扫、处理等模式，由以前的多头管理变为一个主体运营，由传统扫帚清扫的低效率变为机械精细化作业的高效率，由传统垃圾处理的二次污染变为垃圾处理的资源化利用，提高了工作效能。满国康洁环卫集团制定521项行业标准，用标准规范行业行为，形成可复制、可推广的"昌邑模式""昌邑标准"。依靠这些创新实践，才能从根本上解决农村环境"脏乱差"问题。

第三，市场化运作是发展的要求。坚持政府引导、市场化运作，充分发挥市场配置资源的决定性作用，这是形势发展的需要、产业发展的方向。只有适应形势发展需要，真正实现政企分开，让企业在市场规则中打拼，才能经得起市场考验、才能发展壮大。

第四，智慧化管理是提升的保障。环卫工作涉及面广、工作量大，需要大量人力、物力，监管服务难度很大。只有积极运用"互联网＋"等信息化技术，才能够对人员、车辆、道路保洁、垃圾清运等情况实行智能化管理、即时化调度，提高管理效能。

▶ **案例5.2**

柳疃镇的环保举措

从镇的层面讲，柳疃镇在地形上具有"乡村连片治理"的条件，实际上昌邑市地处平原、人口稠密，各个镇都有"乡村连片治理"的条件。柳疃镇把环卫一体化工作作为一项中心工作来抓，全镇72个村的环卫工作全部由康洁环卫托管，10~15户一个垃圾桶，100户一名保洁员，垃圾全部实行"户集、村收、镇运、市处理"的模式，呈现出"水清、树绿、街净、村美"的良好形象。关于城乡环卫一体化，柳疃镇制定了五项措施。

一是健全村级班子。认真做好村"两委"换届选举工作，深入搞好调查摸底，严格标准程序，严肃工作纪律，严格执行"十不准"的纪律要求，选好配齐村"两委"班子。72个村已全部完成了"两委"班子换届选举，支部书记、村主任"一人兼"的村有57个，村"两委"交叉任职比例达60.1%，村委会成员中至少有1名妇女成员，党组织达到"五个好"和"三高三强"型领导班子的村庄比重达93.1%。大力加强综治维稳中心建设，深入开展矛盾纠纷排查，建立健全了镇、片、村三级调解网络，及时把握、化解各种不稳定因素和苗头，全力维护社会稳定。

二是加强基础设施建设。"村村通"工程：投资2850万元，硬化村内道路43.6公里。村内主要道路硬化率达到85%以上，村村通率在昌邑率先达到100%。客运车、自来水、互联网、有线电视实现了镇域全覆盖；农田水利投资1500万元实施小型农田水利重点县建设工程，铺设防渗渠道2.3万米，改造末级渠系1.5万亩。认真做好抗旱双保工作，投资160万元，清淤干支渠4万多米，维修节制闸25座。积极争取国土资源部抗旱资金110万元，新打机井40余眼，解决了镇区东部群众的农田浇灌问题；造林绿化：

投资 8000 万元，实施了昌灶路绿化、小龙河绿化、潍河林场、堤河林带、沿海经济发展区绿化、柽柳林等绿化造林工程，新建片林、林带 8500 余亩。全镇森林覆盖率达到 35.1%，村庄绿化率达到 35.6%，主要道路绿化普及率达到 100%。

三是开展乡村文明行动。深入开展"三进万家"活动，扎实推进乡村文明行动，农村精神文明建设成效显著，农民思想、道德、文化、科技素质不断提高。全镇计划生育合法生育率达到 99%，农村新型合作医疗覆盖率达 100%，新型农村社会养老保险覆盖率达到 100%，全镇 78% 以上的村建立了农家书屋、文化大院和文体活动中心，农村标准化体育设施覆盖率达 75%。

四是完善农村社区功能。投资 1260 万元，建设了柳疃、青乡、刘家庄、北闫等 8 个社区。为方便偏远地区群众生产生活，投资 650 万元，新建了渔尔堡社区，周边 10 个村群众受益，加强并完善了社区功能，承接了镇级扩权事项，使社区充分发挥出应有的作用。

五是落实七项部署，全力打造生态文明乡村。(1) 加强镇村日常保洁。投资 70 万元将环卫、绿化、城管"三托管"，逐步建立起城镇管理的长效机制，促进了环境保护和经济社会的协调、可持续发展。投资 410 万元，建设了占地 1.2 万平方米的柳疃垃圾中转站，日处理垃圾 30 吨。投资 100 余万元，在镇驻地设置高档垃圾箱 60 个，村级设置配备垃圾桶 1050 个，环卫车辆 8 台，垃圾做到日产日清，清运率达 100%。(2) 抓好村级环境综合整治。突出抓好西付村、张家车道村的示范引导，采取"一村一策"的办法，在各村全面开展以绿化、净化、硬化、美化、亮化"五化"为主要内容的环境综合整治，彻底改善农村生产生活环境。张家车道村投资 500 余万元，先后硬化村内道路 2.4 万平方米，安装路灯 40 盏，栽植绿化苗木 1200 株。设置垃圾箱 20 个，建立了环境卫生的长效机制，村庄容貌进一步改善。(3) 完成农房建设 2626 户，危房改造 825 户。(4) 加大拆旧改丑工作力度，对柳疃镇区和青乡社区丑旧地段进行拆除，总拆除面积达 8.6 万平方米。(5) 东付村旧村改造项目，一期工程投资 8300 万元，新建住宅楼 4 幢、商业楼 4 幢，总建筑面积 3.3 万平方米。一期工程建成后，将解决东付村160户居民的居住需求，并吸引周边刘家庄、东高、南范等8个村群众入住。（6）西付村迁村并点工程，投资6200万元，拆除村前民房78户，个体企业3家，幼儿园、敬老院各一处。新建高标准复式住宅楼3幢，建筑面积7500平方米。工程于2011年1月份动工，6月份65户居民已全部回迁入住，腾出耕地70余亩，已通过省、市国土部门验收。（7）抓好五个集中居住小区建设，提升居民生活档次。突出抓好总投资2.2亿元的政亨家园续建工程、总投资6300万元的东付旧村改造、总投资6200万元的华裕公寓及沿街开发、总投资5000万元的龙苑小区二期以及总投资4500万元的政亨西区等五大小区建设工程，全力提升镇区居民的生活水平。南北互动，在抓好柳疃镇区建设的同时，抓好总投资3.1亿元的柳青苑住宅小区及青乡社区沿街改造等工程建设，着力打造沿海配套服务区组团。

▶ **案例5.3**

昌邑市农业废弃物（秸秆）利用情况

昌邑市农作物主要以小麦和玉米为主，小麦播种面积为64.24万亩，玉米播种面积为59.7万亩，大姜种植面积为7.88万亩，马铃薯种植面积2.885万亩，花生种植面积1.1万亩，大豆种植面积为2.13万亩，棉花播种面积为1.76万亩。全年秸秆产量为98.92万吨。其中，玉米秸秆49.90万吨，小麦秸秆36.18万吨，棉花秸秆0.66万吨，花生秸秆0.42万吨，豆类秸秆0.65万吨，薯类秸秆11.13万吨。全市可收集秸秆79.14万吨，利用秸秆72.65万吨，秸秆综合利用率达到92.3%。其中肥料化利用65.72万吨，饲料化利用4.5万吨，燃料化利用2.8万吨，基料化利用0.06万吨，原料化利用0万吨，农作物秸秆作为一种宝贵的资源，实现综合利用可以加速农业畜牧业和轻工业的发展，改善生态环境，促进现代化农业可持续发展。变农业废弃物为农业发展资源，努力打造循环农业发展产业链。先后实施了生态农业和循环农业基地示范县项目，建设了生态循环农业示范园区，按照稳粮增收、提质增效、创新驱动的要求，连年实施测土配方施肥、化肥减量行动、耕地质量提升、水肥一体化等工程，2017年实施农作物秸秆综合利用试点项目通过机械化秸秆还田、秸秆青贮、秸秆反应堆、秸秆固化、秸秆肥料化利用等多种途径，变农业废弃物为农业发展资源，努力打造循环农业发展产业链。

　　昌邑市农作物秸秆产量达 98.92 万吨，以小麦、玉米、大姜、土豆、棉花等为主。不同作物秸秆综合利用率发展不均衡，通过建立起的秸秆综合利用、收集储运和初加工长效运行机制，彻底解决了秸秆乱丢弃而污染环境的社会问题。推广秸秆还田、秸秆肥料化、秸秆饲料化、秸秆燃料化、秸秆基料化、秸秆原料化技术，做好测土配方施肥、水肥一体化、有机肥替代化肥和改变施肥方式等关键技术，有效提高了秸秆的利用率，切实减少了化肥用量，促进了农业可持续发展。

第六章　昌邑乡村振兴的新时代：
城乡融合、全面振兴

突出以城带乡、以工促农，健全城乡融合发展体制机制，促进城乡生产要素双向自由流动和公共资源合理配置，有利于加快推进乡村振兴。正如习近平总书记所言，"乡村振兴是包括产业振兴、人才振兴、文化振兴、生态振兴、组织振兴的全面振兴。"① 五大振兴是一个整体，必须通过统筹规划、整体推进，才能真正彻底地实现全面振兴。

昌邑市委市政府始终以人民为中心，以县域为单位统筹规划，不仅从财政支出上对民生事业进行统筹支持，在全县范围内调动一切可调动的力量，加强人居环境整治和社会治理，为人民群众营造良好的生存环境，而且具体到各个细节，以县域为单位的乡村振兴战略在产业振兴、人才振兴、文化振兴、生态振兴、组织振兴等各个方面都作出了努力，并取得了突出的成绩。

第一节　以县为单位，整体推动全面振兴

乡村振兴的出发点和落脚点是满足人民对美好生活的向往，考虑到这一点，昌邑市坚持以人民为中心的发展思想，认真落实各项民生政策，大力发展社会事业，不断提高群众的获得感、幸福感、安全感。城乡在公共服务方面的差距又影响到群众的获得感，对此，昌邑市以县为单位，兼顾城乡，整体把握，推动全面振兴，增加人民群众获得感。具体而言，昌邑

---

① 《习近平新时代中国特色社会主义思想学习问答》，人民出版社 2021 年版，第 259 页。

市在财政支出上对民生事业足够重视，此外，抓住人民群众对生活环境和治安的渴求，在这两方面也加大整治力度。

（一）以县为单位统筹民生事业的财政支出

近两年来，全市完成民生支出71.3亿元，占一般公共预算支出的83.5%。第一，坚持教育先行，近两年在城乡教育方面完成投入19.1亿元，在潍坊市率先完成破解省定大班额任务。首批启动全国义务教育优质均衡发展县创建，被评为全国中小学校责任督学挂牌督导创新县。第二，加快建设健康昌邑，总投资7.7亿元的市妇幼保健院新院、市人民医院门诊外科病房综合楼建成运营，2018年市人民医院床位利用率达到82.6%，临床护理质量管理合格率100%。市镇村三级医疗机构服务功能和运行管理达标率100%。第三，健全社会保障体系，累计发放各项社会保险待遇41.2亿元，农村、城市低保标准分别提高到每人每年5000元、6960元，农村幸福院覆盖率达到90%以上。第四，用绣花功夫做好精准脱贫。加大产业扶贫力度，整合各级财政专项扶贫资金1100多万元，实施11个产业扶贫项目，发展"众村飞地农业"，提升脱贫攻坚质效；深入推进结对帮扶，市委常委遍访10个省定贫困村，镇、村党组织书记遍访贫困户，共走访贫困户3700余户，帮助解决实际困难100余个；开展贫困户家居环境"大整改、大提升"活动，为440多户贫困户修缮房屋、改善居住环境。

（二）以县为单位统筹改善居住环境

与"物质文化需要"相比，人民美好生活需要的内容无疑涵盖更广、层次更丰、跨域更多，在物质相对充裕的今天，人民期盼有更好的教育、更稳定的工作、更满意的收入、更可靠的社会保障、更高水平的医疗卫生服务、更舒适的居住条件、更优美的环境，期盼孩子们能成长得更好、工作得更好、生活得更好。因而，人居环境改善一项成为昌邑市乡村振兴的重点之一。第一，以群众满意为标准推进城市建设管理。3000亩棚改民生片区、3000亩文山文化片区、7500亩高铁新城科技片区、3000亩职教大学教育片区"4个千亩级片区"顺利推进，城市面貌显著改善。在全省率先启动"智慧城市"建设，统一视频监控平台、智慧应急等23个服务平台及应用系统建成使用，技术水平和应用效果在全省领先。第二，大力推进美丽乡村建设。近 4 万户农户完成无害化卫生厕所改造，美丽乡村建设 B 级以上标准村庄达到 70%。第三，扎实开展"散乱污"企业整治。共关停取缔散乱污企业 505 家，空气质量优良率达到 66.6%。第四，全面推行河（湖）长制。启动实施莱州湾湾长制，完成蒲河生态修复、胶莱河入海口西岸综合整治工程，市控以上重点河流和饮用水水源地水质达标率 100%。

（三）以县为单位加强和创新社会治理体系和治理方式

除了居住环境优美之外，居住环境的安全、舒适也是人民群众的要求之一。对此，昌邑市采取了一系列强化基层治理的举措，保证居住环境的安全和舒适。第一，"法律义工 + 法学会"模式受到肯定。将法学会覆盖至基层，充分利用互联网、大数据，法律义工将群众法律诉求"一站式"解决。这种模式不仅被中国法学会推广，市公共服务法律中心还被评为省级示范中心，事前听证法也被评为山东省乡村治理论坛十佳案例。第二，创新实行群众诉求化解动态管理，全面落实各级包靠领导、化解措施，实行每周调度，消除不稳定隐患，不断提高群众满意度。第三，推动安全生产。279 家企业建立双重预防体系，聘请专家进行安全评估，试点建设智安化工园区，2018 年安全生产事故起数同比下降 50%，死亡人数同比下降 33.3%。

第二节　积极推动产业振兴

产业振兴需要依托传统产业，提高其附加值和竞争力，也需要推进产业间的融合，为产业发展注入新的活力，还需要发挥龙头企业的带动作用，为产业振兴提供平台。一是昌邑市在实施乡村振兴战略过程中，坚持以农业供给侧结构性改革为主线，加快推进农业由增产导向向提质导向转变，不断提高农业竞争力。二是坚持整体推进与重点突破相结合，在做强做优传统种养业的基础上，通过发展新兴产业和深化产业融合，积极发展乡村文旅、商贸物流、精深加工等第二、第三产业，对乡村产业深入挖掘和改造提升，推动产业融合，在乡村形成有利于企业和社会资本进行投资的产业体系和格局，推动乡村产业从量变到质变，形成乡村振兴的新引擎。三是昌邑市不断提升企业尤其是龙头企业的创新能力，发挥企业在产业振兴中的引领和带动作用。

（一）提升农业竞争力

随着生活水平的提高，人们对农产品的品质要求也逐步提高。传统的农产品供大于求，供需基本平衡，市场附加值相对较低。高质量农产品明显处于供不应求状态，其市场附加值也较高。考虑到这一点，昌邑市以发展乡村新兴产业为出发点，以农业供给侧结构性改革为主线，瞄准农业领域的新旧动能转换，发展高端和高附加值农业。总体来说，合理配置土地、资本等要素资源，提高生产效率。一方面，盘活利用村集体闲置厂房、院落等存量土地，为乡村振兴增加土地指标；另一方面，在现有土地指标范围内，通过土地流转和推动工商资本下乡，加大对农业资源的整合力度。

第一，从农产品质量入手，延长农业产业链，提高农业附加值。除了销售苗木外，还举办绿博会、园林花木信息交流会、旅游观光项目等，将产业链延伸至文旅行业，附加值大大提升；核桃产业集坚果生产、果品深加工、育苗科研、生态旅游于一体，从产到销、从农业到旅游业，闭合了整个产业链，增加了农民收入；桑园产业则依托柳疃丝绸文化特色，以桑蚕为纽带，融合生态农业、品牌工业、特色服务业，打造丝绸小镇，全面提升辐射带动效应。

第二，以农产品品牌建设为依托，建立农民增收的长效机制。具体而言，从优势产业入手，培育农产品知名品牌，加大培育数量高和层次高的市场主体，切实解决"品低"的问题。一是鼓励支持昌邑大姜、昌邑苗木、山阳大梨、大陆梨枣等已有农产品品牌和地域品牌提档升级，打造一批在全国叫得响的农产品品牌。二是抓好与知名大学和公司合作的机会，将传统产业的品牌链条延伸至药物等。三是鼓励引导龙头企业和农产品生产基地积极开展"三品一标"认证，打造一批覆盖面广、影响力大、竞争力强、带动作用明显的农产品知名品牌。

（二）推动一二三产业融合发展

随着工业化进程的加快，机械化亦在加速，农业若不与工业相结合，很难在产业振兴上取得丰硕成果。意识到这一点，昌邑市积极推动农业与工业融合发展，为产业振兴注入新的活力。

第一，在产业间，加快形成"新六产"，实现产业融合提质发展。一方面，延长完善产业链条，补齐农业产业在良种培育及农产品产后分级、包装、仓储、物流、营销，特别是冷链物流方面的短板。另一方面，推动乡村各业态融合发展，加快形成"新六产"，促进产业链相加、价值链相乘、供应链相通，切实实现乡村产业发展的动能转换。

第二，具体到各个产业，坚持"一产业一政策一方案"，不仅加快传统产业转型升级，还要开拓新兴产业。关于农业，抓好苗木产业提档升级，推动产业高端化、产品标准化、企业集团化、节会专业化、"苗文旅"一体化"五化"发展；关于海洋产业，积极融入潍坊市"海洋强市"建设，承担国家对虾新品种繁育任务，填补国内产业空白；关于石化产业，石油化工新材料产业园，被纳入山东省高端化工产业发展规划，下营、龙池化工产业园顺利通过省级化工园区认定；关于食品产业，雅拉生态食品产业园已具备连续化、规模化生产和高端牛肉供给能力；关于智能装备制造业，浩信高端免维护轮端智能制造入选 2018 年省级重点项目和全省新旧动能转换重大项目库，宁夏共享智能铸造产业创新（潍坊）中心打造"互联网＋双创＋绿色智能制造"的新业态，玉柴集团北方产业基地高端发动机等项目加快推进。

（三）培养和强化企业创新力

无论是农业、制造业还是服务业，都需要企业牵头，这也是小农户对接大市场的重要纽带。因而，产业振兴需要强化企业创新力，以保持产业的生命力。

第一，强化企业创新主体地位。注重企业科技发展，近两年共有 30 个项目列入潍坊市级以上科技发展计划；强化创新平台建设，近两年新增潍坊市级以上科技创新平台 33 处，企业院士工作站达到 7 处；加大招才引智力度，健全柔性引才机制，累计引进培育"两院"院士、"千人计划"专家、泰山产业领军人才等高端人才 116 人。

第二，狠抓招商引资，加快企业集群培育。2018 年全市完成招商引资

152 亿元，同比增长 14.3%，建立了石油化工新材料产业园、雅拉生态食品产业园、智能装备制造产业园、满国康洁环卫产业园"四大产业园区"，为企业集聚提供良好的平台。这一系列举措成效显著：全市规模以上工业企业主营业务收入过 10 亿元的达到 5 家，过亿元的达到 69 家；纳税过亿元的企业达到 5 家，过千万的达到 41 家；浩信机械有限公司入选全国百家优秀汽车零部件供应商，华晨"灵心彩装·科创工坊"引领纺织产业向品牌经营型转变；4 家企业分别入选山东省"隐形冠军"企业和"瞪羚示范企业"；3 家企业入选山东省"两化"融合管理体系贯标试点。

▶ **案例 6.1**

昌邑："磁铁式"服务优化营商环境①

如何扭住优化营商环境的"牛鼻子"？昌邑市的做法是通过建立专门机构、健全运行机制等措施，全面优化发展环境。昌邑市创新推出"磁铁式"服务，盯住资源、问题"两个重点"，瞄准助企、留企"两个目标"，深入开展五大专项行动，通过营商环境的持续优化，推动经济社会持续向好发展。昌邑市连续 7 年被评为"中国最具投资潜力中小城市百强"，连续 2 年入选"中国中小城市创新创业百强"。

1. 念好"引"字诀，吸引重点项目优质资源

昌邑市饮马镇有着丰富的旅游资源，如何在旅游与乡村振兴结合上做文章，摆在了昌邑市面前。随着"梨花水镇"规划方案在昌邑市获得通过，投资 30 亿元的"梨花水镇"文化旅游项目又往前迈出一大步。该项目是由昌邑市人民政府与视点文化传播有限公司合作打造的重点项目。

作为投资过 10 亿元的项目，昌邑市实行"一把手"招商，落实组团上门服务、量身定制个性化服务、全流程代办服务"三服务"机制。在推出基本建设项目"多图联审"的基础上，昌邑市持续瞄准基本建设领域审批这一"老大难"问题，重点推行投资项目"一窗受理、压茬推进、一次办

---

① 引自《大众日报》，2018 年 10 月 17 日。记者：杨国胜，都镇强；通讯员：王鲁兵，祝贺吉。

好"改革，实现投资项目办理时限提速60%。2018年以来，昌邑市110个重点工程重点项目，开工在建73个，开工率已达到66.4%。

昌邑市推行"磁铁式"服务之"引驻项目资源专项行动"，顺利引进宁夏共享集团、潍柴集团、玉柴集团等产业龙头企业，徐工集团、华戎集团、博世马勒等相关智能铸造项目积极推进。另外，通过践行"磁铁式"服务理念，该市下营工业园高分值顺利通过山东省首批化工园区认定，为项目落地搭建优质平台载体。

2. 念好"联"字诀，联系企业常态化规范化

位于昌邑市柳疃镇的山东雅拉食品有限公司遇到牛肉库存大、冷冻成本高问题，因肉牛进入隔离场后要求14天内必须屠宰完毕，若规定时间卖不出，牛肉就需要先进冷库冷冻，致使成本增加，经昌邑市商务部门协调，公司与山东华胜清真肉类有限公司签订合作协议，由华胜接手冷鲜牛肉进行销售，大大解决了牛肉销售不畅的问题。

昌邑市持续开展"精准帮扶企业升级年"活动，坚持集中走访、日常联络与长期联系等方式相结合，深入该市288家规模以上工业企业和部分重点市属企业联系走访。针对企业困难问题，采取上门服务、会议座谈、专题培训等多种形式进行，同时定向开展"人才招聘、银企对接、电商培训、品牌创建、科技服务、效能提升"等专项帮扶行动，提高帮扶针对性。

优质企业"首席服务员"制度是昌邑市的一个创新之举。其中，纳税前20强企业，"首席服务员"由该市党政主要负责人担任；纳税过千万元的企业，由属地镇街区党政主要负责人担任，全面协调解决企业发展过程中出现的问题。该市还探索推行了"营商专员"制度，由组织部门选派了30余名工作能力强、专业素质高、服务态度好的干部作为营商专员，为企业实行代办服务，对项目从洽谈、签约、建设到投产实行全过程服务。

3. 念好"解"字诀，高效化解企业诉求问题

联系企业、走访项目只是手段，关键在于化解诉求、解决问题，该市积极搭建集来信、来访、来电、邮箱、微信"五位一体"的软环境诉求平台，做到对企业"一个平台集成服务"，2018年以来，共受理并圆满解决了各类涉企诉求28件。定期召开企业家座谈会，共征集意见建议43条，相关

问题全部得到妥善解决。

昌邑市积极建立涉企诉求统筹调度机制，将主动联系服务企业活动中收集的诉求信息，以及民生热线、软环境诉求平台、信访等各种渠道接受的涉企投诉举报、意见建议等进行汇总、梳理，建立企业共性问题清单、重点企业个性问题清单"两张清单"制度，落实"一企一答""一企一策"，重点问题、共性问题实行联席办公，集体研究，限期办理。

2018年以来，昌邑市发展软环境建设领导小组办公室连同市纪委监委机关，开展企业走访调研3次，走访全市企业200余家，不定期到100余家市直部门单位明察暗访，发现问题线索20余件，由市纪委监委依纪依规给予处理。

4. 念好"清"字诀，构建"亲""清"政商关系

为鼓励全市干部坦荡真诚同企业家交往，主动树立服务意识，强化服务自觉，昌邑市研究出台了"政商交往正负面清单"制度，从公职人员和企业人员两个角度，分别制订了"六坚持，六杜绝"的具体细则，破解政商交往"亲而不清"和"清而不亲"问题，建立真诚互信、清白纯洁、良性互动的工作关系。

该市每年发布特大型、大型、中型企业名单，加强对企业家群体的宣传报道。积极吸纳优秀企业家、企业高管进入人大、政协等组织。企业界人大代表达到52人，政协委员达到77人。同时常态化组织企业家参与党委、政府、人大、政协等组织的专题调研活动，让企业家能真正发挥作用。另外，该市还积极发挥基层商会、新生代企业家联合会等平台作用。

昌邑市提出推行"磁铁式"服务，制订具体实施方案，并有序推进落实，逐年推出2.0、3.0等版本，打造具有更高影响力的营商环境"县域品牌"，为服务经济社会高质量发展保驾护航。

▶ **案例6.2**

昌邑市围子街道服务企业转型升级见实效

昌邑市围子街道是个典型的传统制造业小镇，有数百家铸造厂、弹簧

厂、散热器厂等，但普遍存在产品低端、耗能高、污染大等问题，企业面临"洗牌"危机，转型发展压力很大。在敢不敢转、能不能转问题上，街道一班人没有畏难发愁、观望等靠，而是迎难而上，大刀阔斧推进传统行业转型升级，取得明显成效。2017年，在关停散乱污企业200多家的情况下，该街道财政收入逆势增长64.7%，达到1.4亿元。

第一，建设产业园区，引领企业转型升级。围子街道把推动传统产业转型升级作为头等大事，调研摸清了区域内铸造、弹簧、散热器三大传统产业的底子，分析了各产业存在的问题和面临的挑战，研究制订了推动转型升级的具体方案。首先是建设产业园区，抬高入园门槛，倒逼散落各地的传统企业转型升级。先后新建了智能装备制造产业园、永富弹簧产业园两大园区，并对鲁东铸造城进行全面改造，对原有企业提升一批、融合一批、取缔一批。其中占地5000亩的智能装备制造产业园，一期已征地2000亩，签约落户广西玉柴潍坊产业基地、华戎集团军民融合等4个大项目，总投资达56亿元；徐工集团、博世马勒涡轮增压器两大项目正在筹备落户，一个百亿级智能制造产业集群已现雏形，为引领地方传统产业转型升级奠定了基础。为发挥行业龙头企业带动作用，每个行业确立1~2家企业作为"领头羊"和"标杆"，让行业企业学有榜样、赶有方向。明确山东浩信机械有限公司为铸造行业标杆，昌邑市永富弹簧有限公司、昌邑市精密弹簧有限公司为弹簧行业标杆，山东亿润新能源科技有限公司为散热器行业标杆，并大力扶植发展前景好、产品质量高、创新能力强的企业，带动传统产业转型升级。街道还多次外出对接洽谈，引进了国家智能铸造产业创新（潍坊）中心，为指导本地铸造业向数字化、智能化转型请来了权威"智囊"。

第二，成立行业协会，推动企业转型升级。街道成立了机械制造业协会、散热器行业协会和采暖炉协会"三大行业协会"。协会通过组织企业家外出考察、举办培训班等多种形式，加强对行业企业转型的指导。机械制造业协会定期组织企业家参加中国铸造年会，并邀请中国铸造协会权威专家现场指导，帮助企业家开阔眼界，提升境界，调动了企业主动转型的积极性。同时，针对当地企业家思想保守、惯性思维重、主动转型意识差等问题，逐家企业走访调研，当面分析形势和存在问题，督促企业淘汰落后产能和设备，新上先进生产工艺设备和流水线。永顺包装装潢公司因设备落后，生产能力受到严重制约，在协会的引导下，引进了国际上最先进的"美国马贵瓦楞纸板"设备，生产能力成倍提升。

第三，为企排忧解难，保障企业转型升级。围子街道把帮助企业解决难题作为大事要事，放在心上，抓在手上，像"磁铁石"一样紧盯紧靠，直至问题解决，赢得了企业信任和好评。山东浩信集团有限公司在转型升级中资金链曾出现严重问题，企业负责人产生了"撂挑子不干"的想法，街道拿出精干力量，全力帮助研究解决，使企业渡过了难关，并实现了新发展，2017年该企业纳税1.6亿元。2016年11月，长春一汽推出一项3亿元的订单计划，拟从全国16家企业中筛选1家作为合作商，第一站来到了位于围子街道的山东广通机械有限公司，获得这一消息后，街道全程靠上做工作，帮助企业争取订单，一汽调研团队在了解公司生产能力的同时，更为当地政府全力为企业"站台撑腰"的服务精神所感动，主动放弃了对其他15家企业的考察，直接与山东广通机械有限公司签署了合作协议。永富弹簧有限公司生产4厂区分散，多达10余处，这一问题已成为制约企业发展的突出瓶颈，单凭企业自身难以解决。围子街道主动帮助协调硕昌饲料公司，将闲置的169亩土地转让给永富弹簧，并指导企业打造形成了产业链齐全、功能完备的"永富弹簧产业园"。

第三节　大力推进生态振兴

现阶段，乡村发展面临着人与自然、社会系统与自然系统之间的矛盾，这也成为乡村振兴战略的一大难点。因而需将生态振兴放在突出位置，以保证乡村振兴整体推进，并巩固乡村振兴的成果。正如习近平总书记指出的，"我们既要绿水青山，也要金山银山。宁要绿水青山，不要金山银山，而且绿水青山就是金山银山。"[①] 意识到这一点，昌邑市在推进落实乡村振

---

① 中共中央文献研究室编：《习近平关于社会主义生态文明建设论述摘编》，中央文献出版社2017年版，第21页。

兴战略过程中，坚持绿色生态导向，依托生态发展振兴乡村，形成昌邑乡村振兴实践的底色和基础。昌邑市从改善人居环境入手，统筹城乡环卫、居住、绿化等工作，力求为人民群众提供良好的居住环境，生态振兴取得一定成效。

（一）建立城乡环卫一体化

为改善城乡居民的卫生条件，昌邑于 2008 年打破城乡二元结构，在全国率先实施城乡环卫一体化。结合"户、村、镇、市"一体化管理的需要和"统一收集、统一清运、集中处理、资源化利用"的新模式要求，按照先试点、后推广的运作模式，由点到面全面推进城乡环卫一体化，对传统环卫模式改革，实行市场化运作，逐渐形成了可在全国推广的城乡环卫一体化"昌邑模式"。

之后，昌邑用了一年的时间，率先将 690 个行政村全部纳入环卫托管，实现城乡环卫一体化所有村庄全覆盖，形成了成熟的"户集、村收、镇运、县处理"垃圾处理模式。继续扩大环卫托管范围，由村主干道向背街小巷延伸，对达标的小胡同实行托管，同时将村庄附近所有的厂矿、企业、学校、饭店、农贸市场一并纳入托管行列中。昌邑农村保洁总面积超过 1700 万平方米，实现了乡村居住生活领域的全覆盖。

城乡环卫一体化，不仅优化了城乡生态环境，还让村民实实在在享受到和城里人一样的人居环境，大大提高了群众的幸福感和满意度。

（二）推进农村"厕所革命"

从个人层面讲，厕所质量涉及个人身体健康，从国家层面看，厕所是文明的尺度，也是国家发展的注脚。昌邑市对此尤为重视，2016 年以来，在农村大力推进"厕所革命"，把农村改厕工作列入深化"三八六"环保行动、实施"十大工程"工作内容，计划七个镇（区）三年改厕 39353 户，其中 2016 年改厕 22345 户，2017 年改厕 2008 户，2018 年改厕 15000 户，前两年改厕任务已全部完成。2018 年改厕任务计划也已经全面完成。

关于改厕经费问题，昌邑提出了《农村改厕后续粪便处理实施意见》。《意见》规定市镇两级财政每年每户补助改厕后续粪便清运处理费共 60 元，不足部分由村集体通过自筹等方式解决。大部分镇已自行购买抽粪车辆，对改厕农户粪便进行抽运处理，切实解决广大改厕农户的后顾之忧。关于厕所的后期维护，采取"农户自用＋规模种养收集""镇级统筹管理＋沼气池利用"等方式，以市场化运作模式，切实做好厕所管理后期维护工作。

以改厕为抓手的人居环境整治取得了一定成效，农民生产生活条件持续改善。农村基础设施建设不断加强，农村道路、厕所、供暖、供电、学校、住房、饮水"七改"工程全面提速，人居环境整治加快推进。昌邑市基本形成以县道为骨架、乡道为支线、村道为脉络的农村公路网络体系，在"村村通"的基础上启动农村道路"户户通"工程。农村垃圾污水治理水平显著提高，"建设运营一体、区域连片治理"的污水治理模式初步形成。昌邑市已完成 2.53 万户农户无害化卫生厕所改造，2018 年底实现建制镇农村无害化卫生厕所全覆盖。

环卫一体化、厕所革命等让昌邑乡村的村容村貌更加整洁，生活设施日益完善，生态环境更加优美，改变着千百年来人们对农村环境"脏乱差"的认识，690 个美丽乡村点缀在充满绿色的昌邑大地上，使昌邑市成为"中国美丽乡村建设典范县"。

第四节　传承创新优秀文化

党的十八大以来，习近平总书记反复强调，"文化自信，是更基础、更广泛、更深厚的自信。坚定文化自信，是事关国运兴衰、事关文化安全、事关民族精神独立性的大问题"，① 又指出"乡风文明，是乡村振兴的紧迫任务"。② 从一系列论述中可见，于乡村振兴而言，文化振兴关系到乡村文明的传承，关系到乡村文化自信，关系到乡村振兴的灵魂。昌邑市紧紧围绕乡村文化振兴，着手深度挖掘地方文化资源，宣传红色革命文化，壮大现代文化。通过这三方面的努力，争取打造具有特色的地域文化新品牌。

---

① 中共中央文献研究室编：《习近平关于社会主义文化建设论述摘编》，中央文献出版社 2017 年版，第 16 页。

② 《习近平谈治国理政（第三卷）》，外文出版社 2020 年版，第 259 页。

（一）继续深入挖掘传统文化

昌邑市加强对历史文化遗产的保护，分类梳理挖掘出"九名"资源。一是文化名人，黄元御、李士桢、宋占魁等；二是文化名胜，昌邑绿博园、昌邑博陆山、昌邑齐西村、昌邑姜泊民居群；三是文化名牌，丝绸之乡、中国诗词之乡、中国华侨之乡、中国溴·盐之乡；四是文化名品，昌邑柳疃丝绸、昌邑砖雕、昌邑蒲苇草编、昌邑大窑土陶、昌邑古河毛笔、昌邑乾隆杯酒、昌邑剪纸；五是文化名馆，昌邑柳疃丝绸文化博物馆、昌邑市博物馆、龙池抗日战争纪念馆、峻青文学馆、昌邑龙池红色文化收藏馆、昌邑民间收藏博物馆、昌邑市华裕茧绸文化博物馆、昌邑潍水美术馆、昌邑齐氏家风家训传承馆、中共胶北特委旧址暨昌邑卜庄抗战纪念馆、昌邑于恩波纪念馆、昌邑马渠村史馆、昌邑姜泊村史馆、昌邑于家部社区民俗馆；六是文化名典，逢萌挂冠、暮夜无知、齐纨鲁缟、王玽埋羹、芒刺在背、妙悟岐黄；七是文化名事，太史慈救孔融，昌邑李士桢、李煦家族与《红楼梦》的故事以及在柳疃建立的潍坊市最早的邮政局；八是文化名企，昌邑市的丝绸文化源远流长，纺织企业众多，例如昌邑华晨纺织集团；九是文化名论，用众多的名人、名胜、名事形成了一些文化名论。依托"九名"，昌邑市不断挖掘传统文化，为传统文化注入新的活力。

第一，建立文化名馆，实施地方历史文化展示工程。启动博物馆新馆扩建工程：增设 1.5 万平方米新馆，新设盐业遗址、碑刻陈列、清代名医等12 个主展厅，同时设置影视、学术报告等功能区，为市民提供文化教育、文化休闲等多功能场所。编修村志，建立村史馆：以编修村志为抓手，以乡情乡愁为纽带，对乡村文化资源进行重新整理，吸引和凝聚各方人士支持家乡，发挥乡贤作用，助力乡村振兴。

第二，加强文物和文化遗产的保护传承。文物保护：昌邑全市已拥有不可移动文物保护点 784 处，数量列全省第三；市博物馆馆藏文物 8.7 万件，列全省第十；拥有省级非物质文化遗产项目 6 项，潍坊市级 24 项，昌邑市级 79 项。文化遗产保护：柳疃丝绸技艺、小章竹马等 6 个项目入选山东省非物质文化遗产代表性目录，西河大鼓、锢艺、魏记小磨香油制作工艺、"昌邑传统婚俗"等 29 个项目入选潍坊市非物质文化遗产代表性项目名录，"同文堂毛笔""昌邑砖雕"获2017"中国·潍坊"传统工艺创意设计大赛优秀创意奖，龙池镇入选山东省民间文化艺术之乡。

第三，加强非物质文化遗产保护。昌邑市建立起了"三位一体"非遗保护传承工作机制。为挖掘和恢复传统民俗代表性项目，该市规划建设了四个民俗文化示范区：以祭海节活动为主体的下营渔盐文化示范区、以"发大牛"活动为主体的都昌、龙池孙膑崇拜文化示范区、以玉皇演驾、青山庙会活动为主体的石埠民俗文化示范区和以桑蚕植育、丝绸生产为主体的柳疃丝绸文化示范区。

第四，重振历史商业文化。为进一步打造"近代海上丝绸之路起点"文化品牌项目工程，昌邑市启动恢复"丝绸之乡"文化奖，完善柳疃丝绸文化博物馆展陈。"丝绸之乡"文化品牌项目入选潍坊市文化名市建设关键支撑项目，打造出"看得见的乡愁"，成为名副其实的"丝绸之乡"；昌邑市重新擦亮"溴盐文化"名片，以筹建山东古代盐业遗址博物馆为契机，把"中国溴·盐之乡"这张文化名片叫得更响、擦得更亮。

（二）大力宣传弘扬红色文化精神

昌邑市将打造红色文化村史馆纳入乡村振兴战略统筹规划，通过宣传和弘扬红色文化和革命精神，培养新时代社会主义优秀接班人。

第一，抓紧以史馆为依托的红色文化建设。"红色与美丽互彰，史馆与乡村相融"，是昌邑市打造红色文化村史馆遵循的基本原则。2017年，昌邑市着眼"铭记历史、留住乡愁"，谋划建设红色村史馆、编修红色村志。由组织部门牵头广泛搜集全市690个村庄的史料，深入挖掘各村在党的领导下革命、建设和改革的历史。目前，修缮建设了胶北特委旧址、卜庄抗战纪念馆、龙池齐氏家风家训馆、马渠村史馆等传统优秀历史文化展馆，构筑群众精神家园，不仅如此，还组织各村老教师、老模范、老党员和热心公益的村民，深入挖掘搜集红色故事、人物事迹等资料，截至2017年，该市共捐献各种文物史料60余套。

第二，注重红色文化与党性教育结合。革命战争年代，中国共产党和中国人民用鲜血和汗水孕育出鲜明独特的革命文化。抗日战争初期，昌邑北部沿海地区是中共中央、山东分局连接胶东抗日根据地的红色交通线，战略意义十分重要。抗战期间，这里进行过大小数百次战斗。有这些历史背景为基础，昌邑市充分利用革命老区历史文物众多的优势，将文物保护和红色文化展示教育紧密结合起来，抓好渤海走廊革命斗争陈列馆、英雄事迹陈列馆等、红色村史馆的建设。打造了一大批党性教育基地，为乡村振兴增添了一抹亮丽的"红色"。

第三，修缮名人故居，延续红色文化。修缮维护王滨故居、峻青事迹陈列馆、李福泽故居等革命教育基地，构建起"北有龙池抗日战争纪念馆、东有卜庄胶北特委纪念馆，中有市党史馆，南有饮马烈士祠"等基地为主体的红色文化旅游新格局，全力打造"红色生命线——渤海走廊"党史党性教育基地，建设34处现场教学点，做强做大红色文化旅游资源。

（三）壮大发展现代优秀文化

文化振兴不仅要延续传统文化和红色文化，还要在这两大文化的基础上壮大和发展当代优秀文化，尤其发展适合年轻人易于接受和学习的现代科技文化，而壮大现代文化需要结合当下新的科技手段。

第一，推动文化产业与"互联网＋"融合发展。大力发展文创产品开发、数字影城等文化消费产业。探索开发非遗传承体验式基地、古镇古村落保护开发等新兴文化产业，重点对49处清末民初民居建筑进行保护性开发。实施文化消费品牌引领战略，绿博会、梨花节、龙乡文化节等重大文化活动，从供需两端发力，打造主题鲜明的文化消费活动品牌。

第二，通过高端平台推广昌邑地域特色文化。与中央电视台共同拍摄关于昌邑的专题片；编印关于昌邑文化的宣传画册，提升昌邑知名度；积极促进文化旅游融合发展，制定印发旅游方案，景区服务不断完善提升，不断汲取文化产业发展动能。

第三，实施乡风文明提振工程，弘扬文明新风。推进移风易俗，全面推行喜事新办、丧事简办、厚养薄葬；深入实施"四德工程"，开展"四德工程"示范镇、示范村（社区）创建活动，营造了知孝义、崇孝德、践孝行的良好风尚；推动昌邑历史文化和昌邑精神进农村、进社区、进学校、进企业等，组织开展各类志愿服务；深入实施公共文化人才培养工程。

第五节 大力发展人才振兴

昌邑市认真探索和总结乡村人才振兴的做法和经验，依据党中央、国务院印发的《新型农业经营主体和服务主体高质量发展规划（2020－2022年)》，积极规划、落实对新型农业经营主体的培训和培养工作。

一方面，大力实施乡村高端人才引领工程、专业农民培育工程和乡村青年人才储备工程三类人才的引进和培养。围绕现代种业、农产品精深加工、高效农业投入品等现代高效农业重点领域，集中开展乡村高端人才"引领工程"；组织家庭农场经营者、农民合作社带头人等生产经营型专业农民，进行系统化、专业化、高端化培训，开展专业农民"培育工程"；支持大学生和进城务工人员、退伍军人等群体中的青年人才返乡投身现代农业，打造乡村青年人才"储备工程"。通过依托高素质农民的培育和学历提升、信息化建设等工程，切实提升乡村高端人才的致富本领和示范带动能力。

另一方面，抓好五支关键人队伍建设。一是农村带头人队伍，昌邑市坚持"坐下来"研学与"走出去"比学相结合，连续两年在潍坊市委党校举办昌邑市村级党组织书记培训班，采取"理论辅导、业务讲解、研讨交流、现场教学"四结合的方式，增强培训的针对性和实效性，发挥"坐下来"的作用；遴选 52 名优秀村支部书记到浙江等地进行乡村振兴高端培训，通过"走出去"，寻标对标开阔视野，提高推动乡村振兴的能力。二是乡贤人才队伍。组织指导有条件的镇村全面摸排各类乡贤人才，建立乡贤人才信息库、举行乡贤人才联谊会，从而引导乡贤人才积极投身乡村建设，乡贤人士不仅帮助引进项目，还捐助资金等，给予家乡发展以大力支持。三是第一书记队伍。昌邑市精准选派政治素质高、组织协调能力强、热心为群众服务的优秀干部到村担任第一书记，实现了省定扶贫工作重点村、软弱涣散村帮扶全覆盖。四是农村党员干部队伍。扎实推进党员进党校培训工程，打造党员修身养性的"红色殿堂"，深化农村党员积分制管理，教育引导广大党员充分发挥先锋模范作用，为乡村振兴贡献力量。五是农村实用人才队伍。以家庭农场、农民合作社等新型农业经营主体领办人和骨干农民为重点，强化能力素质、生产经营服务等方面的培训，为乡村发展提供技术人才支撑。

第六节　积极落实组织振兴

组织振兴是乡村振兴的"牛鼻子"，实施乡村振兴战略，实现"农业强、农村美、农民富"，必须着力推进组织振兴，构建农村基层战斗堡垒。

（一）村级党组织"星级化"管理

昌邑市认识到，乡村党组织是解决乡村社会所有问题的关键。自2017年以来，围绕过硬支部建设，在昌邑全市农村实行党组织"星级化"管理，通过评星定级、争先晋位，着力打造推动实施乡村振兴战略的坚强战斗堡垒。

第一，设置评星标准。将昌邑全市村级党组织划分为五星、四星、三星、二星和一星5个等级。按照"五个过硬"党支部要求，从班子建设、党员管理等12个方面，细化分解47项具体标准要求，并按百分制赋分；设置特色工作加分项和10个一票否决项。得分在90分以上、80分以上、70分以上的，分别可参评五星级、四星级和三星级党支部，出现一票否决情形的，直接确定为二星级以下党组织。

第二，规范定级程序。实行承诺争星、自我认星、群众议星、镇街定星、上级审星的"五步评星法"。年初，各村级党组织确定争星目标并作出公开承诺。每季度，村级党组织进行自我评估，接受党员群众评议。年底，由镇街党（工）委和农村社区党组织根据日常了解和年度考核情况，打分并初步确定星级等次。市委组织部进行督查抽查，最终确定星级等次。星级党组织实行总量控制、动态管理，每年评定一次。

第三，强化指导督查。组织部机关干部通过参加阳光议事日等方式每月到村指导1次，包村的镇街领导班子成员、驻村指导员进行常态化指导，推进争星承诺事项落实。采取市镇联合督查的方式，由市里成立3个组每月直接到村随机督查，各镇街之间每半年进行 1 次相互督查，督促工作推进，查找整改问题。

第四，突出结果运用。将星级作为村级党组织、村干部参加各类评先树优的重要依据，与村干部日常考核、补贴报酬挂钩。按照星级确定党组织整改提升方向，对五星级村党组织重在巩固提高、长远谋划，打造示范品牌；对四星级、三星级村党组织重在查漏补缺、稳中求进，推动晋位提升；对二星级及以下的村党组织重在找准症结、比学赶超，实现争星晋级。经过努力，昌邑市 80% 以上的村党组织达到三星级以上标准。村级党组织变得坚强有力，乡村在实施乡村振兴战略就有了主心骨，有了积极作为和勇于担当作为的领导力量和推动力量。这在实践中取得了非常好的结果。

（二）各类组织管理"功能化"

随着农村社会经济的发展，农村各类社会组织经济组织发展很快。乡村中各种组织形式更加多样，群众诉求更加多元，社会矛盾日益复杂，村级有效治理面临不少新情况新问题。乡村中不仅有共青团、妇联和工会等群团组织，而且有经济合作组织和其他文艺团体等各类组织。各种组织所面临的任务和联系的群众很不一样，如何发挥好党组织之外的各类组织的积极性和创造性对推进乡村治理的现代化，提高普通群众的积极性，从而推进乡村振兴战略的实施具有重要的意义。

昌邑市敏锐地察觉乡村中各类组织的价值和意义，大胆探索，提前布局。以前，农村其他组织属于基层治理的"盲区"，镇级层面关注少、投入精力少，发挥的社会作用微乎其微。"功能化"管理提供了一个有力的抓手，从实施情况来看，在产业发展、生态保护、乡村治理、文化建设等很多方面都发挥了超出想象的作用。

围绕村级传统群团组织及各类新型组织"自娱自乐"、党组织"置身事外"的问题，昌邑市以加强各类组织"功能化"管理为着力点，按照"有组织的抓工作规范、已规范的抓活动开展"的思路，组织镇街对各村现有组织进行分类抓好管理服务工作。建立清单管理制度，由村党组织指导各类组织负责人，根据工作计划及章程细化月工作任务清单，督导活动开展，并结合阳光议事日，逐一听取各类组织负责人工作汇报。年底，以社区、村为单位，围绕工作开展、功能体现、作用发挥等情况进行评星定级、表彰先进。2018年，昌邑市共规范各类经济组织、文体活动组织等1950个，开展活动3800多次。群众的幸福感获得感和满意度大大增加，也推动了包括乡村振兴战略在内的国家方针政策在乡村的顺利实施。

▶ **案例 6.3**

昌邑市建立村级党务村务财务"阳光公开"机制

围绕解决村级事务公开存在的流于形式、不规范、不及时、不透明等问题，昌邑市制定《村级党务村务财务阳光公开实施办法》，通过依法规范设置公开内容，严格公开要求和督查落实，确保公开质效，取得了初步效果。

规范公开内容。党务、村务、财务三类公开内容由村"两委"联席会议讨论确定，实行"X＋N"公开模式，"X"为必须公开内容，"N"为自选公开内容。其中，党务公开实行"9＋N"模式，细化为村级党组织换届、党组织书记"四诺履职"、党费收缴、发展党员、党员干部违纪违法处理等9项必须公开内容和"N"项自选党务公开内容；村务公开实行"8＋N"模式，细化为村（居）民委员会换届、农业补贴及惠农政策落实、新型农村合作医疗、土地承包经营权流转等8项必须公开内容和"N"项自选村务公开内容；财务公开实行"5＋N"模式，细化为财务收支、债券债务、集体经济项目经营、公益事业发展等5项必须公开内容和"N"项自选财务公开内容。

严格公开要求。公开以村级"三务"公开栏为主，并通过会议、网络、发放明白纸等方式，增强公开时效性和多样性。凡在村级"三务"公开栏进行公开的，内容必须按党务、村务、财务分类张贴。其中，党务、村务由村"两委"安排专人张贴，财务由镇街安排专人每月8日到村张贴。会议公开主要以村"两委"集中办公日和阳光议事日为主，其中村"两委"集中办公日每周至少1次，阳光议事日为每月20日。网络公开主要以"潍水先锋·昌邑党建云平台"为主，每月至少公开1次。通过发放明白纸公开每季度至少1次。严格公开时限，明确党务村务公开不少于5天、财务公开不少于 2 个月。村"两委"安排专人根据公开时限要求，定期清理公开内容并归档。

强化公开质效。市委组织部、市民政局、市经管局分别负责搞好村级"三务"公开工作的统筹协调和监督落实。对村级"三务"公开落实情况，一方面，实行问询反馈，加强自我监督，党员群众对公开事项有疑问的，可向村"两委"询问、质询，村"两委"能当场答复的，须当场答复；不能当场答复的，须 10 日内答复。另一方面，由市里通过明察暗访、平时考核、随机调研等方式督促落实。对公开不规范、不到位的，责令限期整改，持续追踪问效；情节严重的，严肃追究相关责任人的责任；涉嫌犯罪的，移送司法机关依法处理。村级"三务"公开落实情况，纳入村级"两委"班子年度考核、村级党组织书记述职评议，并作为村干部评先树优、提拔任用的重要依据。

资料来源：《灯塔–党建在线》，2017 – 8 – 18，由中共昌邑市委组织部供稿。

▶ **案例 6.4**

昌邑市义工联合会在改进基层治理中的积极作用

（一）昌邑市义工联合会简况

昌邑市义工联合会成立于 2008 年 12 月 5 日，秉承"服务、捐助、低碳"活动宗旨，倡导"奉献、友爱、互助、进步"义工精神。昌邑义工联自成立起来，不断有新鲜血液注入，义工队伍在 10 年的发展中不断成长壮大，现拥有会员 39620 名，设 11 个义工分会、130 个义工服务中心、890 个义工服务站。昌邑义工联积极开展形式多样的义工活动，活动范围涉及助学、助老、助残、关注弱势群体、关注青少年、关爱妇女儿童、抗洪救灾、倡导低碳环保及其他社会公益活动。截至 2018 年，义工联组织开展各项公益慈善活动 8000 余次，服务时长 60000 多小时，参与义工和志愿者 40 余万人次，成为当地文明和谐的一道亮丽风景线。

昌邑市义工联组织健全，职能完善。昌邑义工联合会在组织上选举产生义工联合会主席团成员和理事成员。形成了党委、理事会，分会（党支部)，义工服务中心，义工服务站的四位一体的组织架构。昌邑义工联建立健全各项规章制度，保障公开规范化运行。成立之初，义工联就已经建立了《义工网站》《义工章程》《义工财务制度》《义工考核制度》《义工档案制度》等内部管理制度，每次活动都制作《义工活动签到表》《义工活动详情表》等一批便于规范化开展活动的表格文档。昌邑义工联特别注重按照"制度完善、活动规范、团队协作、会员满意"的思路搞好协会建设。特别注重资料存档，昌邑义工的每次活动都留下生动翔实的影像资料。

（二）昌邑市义工联的管理特色

义工联本意就是一个自发结成的志愿者团队，成员来自各行各业，因为爱心让他们聚到慈善事业之中。义工联为志愿者的慈善事业提供了组织平台，从而可以使越来越多的志愿者参与到社会公益服务中来。随着公益事业队伍的扩大，为了更好地激发人们的爱心，昌邑市义工联引入了一套会员积分制度，会员参与公益慈善事业，义工联对会员参与的公益进行打分统计，并形成会员积分，义工组织将根据会员在官网的积分情况，评选优秀会员，予以积分与威望奖励。以往慈善活动的出发点是单纯靠人们爱心，但单纯依靠爱心，慈善活动的规模也不易扩大，特别是要如何推动全民参与社会慈善事业，这需要引入会员积分制以形成正向的奖励机制，鼓励志愿者更多更好地参与到社会公益事业中来。昌邑市义工联的会员积分制管理方法就为实现这点而做出的制度安排。

昌邑市义工联会员积分制不仅在精神上鼓励会员多做慈善，还在物质上通过积分制度鼓励会员的慈善事业，使慈善事业在大范围社会内更具有推动的动力。会员参加慈善事业形成的积分，可以用在享受一些社会服务时具有的优先权，如在政府事业单位提供的一些公共服务上可以优先排队等。不仅如此，通过参与慈善事业的商店，会员形成的积分可以在这些商店消费，形成物质激励与社会效益的统一。而参与慈善事业的商店不仅体现了全社会参与慈善事业的意义，这些商店也会因为会员消费而形成经济效益和社会效益的统一。更具有意义的是，通过积分制和市场主体的参与，慈善事业参与者的范围得到大大扩大，并形成可持续的慈善活动和良好的社会公益事业氛围。

　　除了会员积分制度，昌邑市义工联还开设了非营利慈善超市，超市设爱心捐赠区和爱心义卖区，接受爱心单位和市民的捐赠，根据慈善总会和相关单位提供的五保户、低保户、残疾人等贫困家庭信息，慈善义工在走访核实后，给他们发放超市免费领取卡，他们可以持卡在超市捐赠区选择需要的物品。超市开设网上商城，设立积分兑换和书画义卖，将部分老党员、老干部和爱心书画家捐赠的书画作品进行义卖。快乐购物，奉献爱心，超市品种齐全、价格优惠，对社会开放运营，通过不同形式的公益宣传，增强市民的爱心，让大家感受购物就是奉献。经营所得利润，除必要费用支出外，全部作为爱心基金用于各项公益慈善活动。慈善超市的做法同样也是解决慈善活动可持续扩大规模的有益方式。

　　（三）慈善活动与政府公共服务相得益彰

　　政府提供公共服务，但受限于人手及办事程序，政府提供的公共服务往往是标准化的，因地制宜的一面需要社会组织的补充。昌邑市义工联拥有数万名会员，每个会员基于爱心时刻关注着身边的群众需要，相比基层政府那些人手，昌邑市义工联依托会员在发现群众社会服务需要，并制定及提供个性化精细化服务上具有独特的优势。例如，义工联与市老龄办联合开展"银龄安康"关爱老人活动；连年参与共青团山东省委的"金晖助老"活动，长期帮扶昌邑市建档立卡的200位贫困老人；配合市慈善总会开展"雪中送炭"行动，为200名困难老人家庭送去温暖，帮扶孤寡、困难老人900余人。这些慈善活动针对具体的扶助对象可以根据具体情况进行精细化服务，切实解决他们的后顾之忧，与政府公共服务互为补充，相得益彰。

　　（四）昌邑市义工联所体现的社会组织与基层治理体系其他主体的关系

　　基层治理体系是一个有机的综合体，各个主体良性互动，才能发挥协同作用，实现基层治理体系和治理能力的现代化。在基层治理中，基层党组织居于领导地位，起到统领全局的作用，为体现这点，党组织扩大党建工作覆盖范围，对社会组织的发展也起到引领的作用。党建工作在昌邑市义工联也得到了高度重视，2016年8月义工联成立党委，同年成立工会、团委和妇工委，现设27个党支部，形成了较完善的党组织机构和党建制度。

在党委成立后，义工联的发展从原来的自发发展迅速转变为有组织地发展壮大，义工联迅速成为昌邑市举足轻重的社会志愿服务力量。义工联党委不定期地召开党员（扩大）会议，组织党员和理事会负责人及各部门、分会优秀义工代表开展公益座谈，研究推进党建工作和义工事业发展的办法措施，推动义工各项工作全面健康发展。义工联会员中，现拥有党员5180名，不到8名会员其中就有1名党员，在昌邑市委的号召下，昌邑市广大党员积极参加义工联，为基层老百姓提供社会服务。共产党人的宗旨是全心全意为人民服务，这为义工联的活动方向制定了指导原则，广大党员更是通过身体力行为人民群众排忧解难，起到了模范表率作用，成为义工联的核心支柱，使义工联具有了广泛的社会号召力。正是在各级党委的领导下，昌邑市义工联行形成了思想统一、行动一致的管理风格，形成了坚强的战斗力和凝聚力。昌邑市义工联的发展历程典型地说明了，在中国特色的基层治理中，社会组织的发展壮大离不开党的领导，党建工作有力推动了社会组织的发展，使之更好地形成基层治理体系的有机成分。

昌邑市义工联的快速发展也同样离不开基层政府以及社区居委会的大力支持。昌邑市政府成立了昌邑社会组织发展中心，起到了社会组织孵化器的作用，之推动了社会组织的规范发展。在昌邑市义工联成立之初，政府就提供了办公场地，并补贴了部分运行费用。义工联设立的慈善超市是由义工众筹，而经营场所是由奎聚街道办事处免费提供。不仅如此，义工联还承接了政府购买服务，如助老助残工程等，使义工联的慈善活动更具广度。在昌邑市基层政府推行的网格化管理下，义工联想要了解任何需要帮助的群众的信息，都可以通过网格员掌握第一手信息，从而提供有效的帮助。正是在这些基层政府及居委会等的大力支持下，昌邑市义工联迅速发展，从松散型转变为紧密型，从"游击队"转变为"正规军"，在社会服务事业上阔步前进。

同样，一个迅速发展壮大并具有凝聚力的义工联，及其他社会组织，不仅在扩展社会服务的多样性和精细化上发挥所长，而且能在鼓励德育发展、弘扬爱国精神和传统美德上起到积极引导的作用，使昌邑的社会服务事业成为群众性的事业活动，"有时间做义工，有困难找义工"已成为当地流传的口头禅，活动中不断出现"全家做义工，老少总动员"的感人画面。这些都有力地促进了昌邑市整体社会风气的好转，使昌邑成为义工之城、善德之城。这恰恰正是基层治理能力现代化的至善之境！

▶ **案例 6.5**

创新推行事前听证制度

听证是化解矛盾纠纷的有力举措。但传统听证往往是在矛盾纠纷激化后组织实施，错过了问题最佳处理期，有的信访事项甚至需要多次听证，投入精力很大，效果却不尽人意。2017 年以来，围子街道积极探索创新，推动听证关口前移，在社区、村级重大事务决策中组织推行事前公开听证，着力从源头上预防和减少矛盾问题发生，提升了社区矛盾化解预防和依法办事能力，增强了群众参与意识，有力提升了社区治理水平。

（一）事前听证的起因

昌邑市围子街道现有 127 个村，10.04 万人，辖 18 个社区，街道由三镇合一，人口多、基础差，特别是历史遗留问题多，各种利益矛盾深入交织。随着新形势、新任务的变化，群众利益诉求多元，基层治理方面出现不少新矛盾、新问题，导致近些年信访问题一直在高位运行。

2016 年，街道共受理村级信访举报 142 件，其中涉及干部作风、村务公开、村级管理、村级决策等引发的信访问题占总信访量的 48.7%。

上访原因主要有以下三个方面。一是落实上级政策不公开、不透明。有的村干部落实上级政策时存在私心，办事不公，甚至假公济私，优亲厚友。在落实贫困低保、危房改造、粮食补贴等政策方面不愿公开透明，遮遮掩掩，导致群众与村干部产生隔阂。二是村级事务管理不理顺、不规范。村级事务管理中，由于监管不到位，有的村干部坐收坐支，甚至随意挥霍浪费集体财产，引发村级债务和矛盾纠纷，从而导致群众对村级决策不信任、对村干部不放心、对村级事务不支持。三是村级决策不科学、不民主。村级重大事务什么事情该办，什么事情不该办，随意性较大。个别村干部习惯于"一个人说了算""拍脑袋"做决策，群众体会不到当家作主的感觉，导致干群关系紧张，成为各种矛盾隐患的多发地带。

这些问题的存在影响了干群关系，容易引发矛盾纠纷，不利于基层和谐稳定。为此，围子街道在工作中，通过积极探索创新，把实现好维护好群众的根本利益作为工作的出发点和落脚点，推动矛盾问题关口前移，创新建立了村级事务事前听证制度，制定出台了《村级事务听证实施办法》，在村级重大社会事务决策前组织公开听证，广泛听取各方意见建议，把村级重大事务决定权交给群众，力争将各项决策形成最大公约数、画出最大同心圆、汇聚最大正能量，形成干群和谐、基层稳定、齐心干事的良好局面。

(二) 事前听证的内容

根据事件类型和难易程度，需要事前听证决策的内容主要是"5＋X"，因案施策，灵活运用。即"5个方面"的重大事务决策前，必须进行广泛听证，最大限度挤压镇村干部不作为乱作为、失职渎职的空间，确保各种矛盾隐患"发现得了、处置得早、控制得住、解决得好"。

(1) 上级决策落实。主要是上级安排部署的棚户区改造、生态环保、惠农补贴等涉及面大、事关群众切身利益的重大事务决策前必须进行听证。

(2) 村级规范管理。主要是对村级大额财务收支、集体资产处置、村级重大基础设施建设等进行决策前必须听证。

(3) 家庭邻里纠纷。主要是对村民邻里冲突、土地边界、生产经营等各类矛盾纠纷进行化解前必须进行听证。

(4) 群众个性诉求。主要是群众提出的申请低保、困难救助等进行决策前必须听证。

(5) 信访矛盾调处。主要是村 (社区) 重大不稳定隐患、历史遗留问题、重大疑难信访案件等化解稳控决策前必须进行听证。

"X"即"自选动作"：各村 (社区) 根据实际需要，自行决定听证决策的事项。

2017年4月以来，围子街道通过事前听证，作出科学民主决策，解决各类热点难点问题486件，整修硬化道路90多公里，自来水改造620户，救助贫困家庭54户，没有一起因决策不当而引发信访问题。

（三）事前听证的步骤

一是听证筹备。听证会以社区为单位组织筹备，设主持人、当事人、听证员、记录员，吸收部分群众作为旁听人员参与。建立了主持人库、听证事项库、听证员库3个"要素管理库"，主持人由镇街区科级干部或社区书记担任，听证员从"两代表一委员"、站所负责人、律师及各村党员代表、村民代表等群体中选择确定，记录员由镇街区或社区工作人员担任。坚持"一事一方案"，根据每月月初确定的听证事项，制定详细听证方案，列明听证会召开的时间、地点及案由、初步调查结论，从"要素管理库"中选择确定主持人、听证员、记录员等，并提前下好通知。组织相关人员通过实地查看、走访调查等形式了解案情，找准矛盾纠纷根源，做好各项筹备工作，保障听证会顺利召开。

二是现场听证。听证会借鉴法庭设置陈述、举证、质证、辩论、调解（涉及双方利益适用）、形成听证结论或签订调解协议书六个环节。首先，由听证主持人阐明纪律要求，概括事项情况，为接下来的听证程序做好铺垫。其次，由双方当事人（或听证申请人）依次陈述事实依据、基本态度、利益诉求并进行举证、质证，就存在的疑点进行互相辩论。然后，听证员依次发言进行表态、评判或劝解。最后，由听证主持人综合考虑各方立场和观点形成听证结论或调解协议。对达成的调解协议，由镇街区司法所代为申请人民法院司法确认。对村级重大事务决策，经与会人员三分之二以上同意，再由村委会书面提交村民会议或村民代表会议进行表决。与会人员半数以上不同意的事项，村"两委"重新考虑、重新研究。

三是跟踪回访。听证主持人负责督促当事各方按照规定的方式、期限履行有关义务。变被动"等访"为主动"下访"，对事前听证决策后仍有意见的个别群众，坚持主动回访、释疑解惑，做好做实"疏、帮、服"工作，尽最大努力把"对立面"变成"同盟军"。

四是资料存档。听证全程采取书面文字记录与视频录像结合的方式进行记录，到会签到、会议发言、听证结论等都由全体人员签名确认。听证会结束后，及时整理听证资料，形成听证卷宗，做到档案文书、影像资料齐全，经审查合格后，一案一卷，归卷入档。

（四）事前听证的成效

一是变"事后解决"为"事前预防"，从源头上削减了信访问题。事前听证给有诉求的群众提供了"有处说理、放心说理"的平台，当事双方"当面鼓、对面锣"，及时解决矛盾纠纷，起到了小矛盾化解在萌芽、重大信访隐患化解在社区的效果。2017 年以来，街道共召开听证会 1115 次，处理各类事项 1115 件，127 个村没有因村级事务决策不当发生一起信访问题，群众到潍、进省、进京信访同比分别下降 90.3%、70%、100%，在全国两会、十九大、"一带一路"国际高峰论坛等重大节会期间和敏感时间节点，实现了"五个不发生"、进京"零"非访，军队退役人员无一人出昌邑反映问题。

二是变"被动处理"为"主动协商"，密切了党群干群关系。事前听证充分尊重群众的主体地位，抓住了村级事务民主管理的"牛鼻子"，村民群众成了村级事务的决策者、村级管理的监督者、村级工作的宣传者，打消了群众主观上的疑虑和猜忌，做到了"给群众一个明白，还干部一个清白"。同时，通过参与决策，对党委政府为民办事、为民解难，科学决策、依法办事的做法更加了解，对党委政府的信任和拥护更加坚定，进一步融洽了党群干群关系，从根本上促进了基层的和谐稳定。

三是变"行政管理"为"依法治理"，提升了基层治理规范化水平。事前听证引入律师、法律工作者等专业人士参与，在法律框架下评议事项，规范了村级运转的工作程序，形成了"决策有群众支持，办事讲工作程序，事后有档案记录"的良好局面，走出了村级事务管理的新路子，提升了村级管理规范化水平。同时，听证会倒逼镇村干部主动学习相关政策法规，提高了运用法治思维、政策法规解决实际问题的能力，实现了依法决策、依法化解矛盾纠纷，提升了基层治理的规范化水平。

第七章 结论：基于马克思主义视角的乡村振兴

马克思、恩格斯在创建科学社会主义时，目睹了资本主义所有制下社会化生产所带来的诸种矛盾，其中之一就是尖锐的城乡对立。资本主义生产方式的发展过程中一方面是城市的兴起，集中了资本和人口，另一方面是乡村的破败和人口的流失。马克思、恩格斯站在历史唯物主义的高度，对生产力和生产关系的辩证关系和一般规律做出了深刻分析，指出城乡之间的矛盾关系及其变化，进而得出分工的出现和生产力的发展是造成城乡对立的根本原因。因此，城乡对立是一个不可避免的历史阶段，而资本主义生产方式使城乡对立达到尖锐的顶峰。同时，马克思、恩格斯也预言了随着生产力的进一步发展和社会分工的消失，城乡对立也将趋于消失，城乡融合成为城乡关系发展的最高阶段。

马克思恩格斯的城乡发展理论指出城乡关系是一个曲折发展、螺旋上升的历史过程，也符合从资本主义经典作家设想的共产主义社会中的生产力和生产关系运动发展的一般趋势。我国是在落后生产力基础上建设的社会主义国家，在生产力水平处于较低状态时，必然会出现城乡矛盾的历史现象。而随着生产力的发展，特别是改革开放以来，我国生产力取得的巨大发展，城乡关系也必然会走向统一，实现城乡融合。

我国城乡融合的发展不仅是顺应生产力发展的一个客观过程，也是在中国特色社会主义制度优越性的推动下，在中国共产党的坚强领导下，国家治理能力实现的一个主观能动的过程。从新农村建设到乡村振兴战略，就是这个过程的体现。在这一大逻辑下，乡村振兴的"潍坊模式"是城乡融合发展的一个模式。昌邑作为潍坊市的一个县级市，其乡村振兴的经验也是"潍坊模式"的重要组成部分。为了深入剖析"潍坊模式"，本研究以昌邑市为例，通过梳理其乡村振兴的实践历史，关乎乡村振兴的法规政策以及计划规划，试图凝练出乡村振兴的昌邑经验，为解释"潍坊模式"和乡村振兴的实践提供一些启发。基本经验总结如下。

第一，农业产业化是农村改革的核心。乡村振兴，产业振兴是重点。只有产业兴旺了，农业农村各项事业发展才有坚实的物质基础。自20世纪90年代至今，小农户的分散经营与大市场之间的矛盾越来越突出。内在问题有二：一是碎片化、分散经营难以实现规模效益；二是缺乏深度加工的农业附加值低。面对这两个难题，昌邑市以农业产业化为核心，一方面，从发展乡镇企业到振兴龙头企业，皆对农产品进行就地深加工和销售，将一二三产业加以融合，延长了农业的产业链，提升了农业附加值；另一方面，积极培育新型农业经营主体，例如家庭农场、农业合作社等，因地制宜，实现适度规模化经营，提高规模效益，从而提升农业生产率。昌邑市农业产业化的经验告诉我们，产业振兴不仅要加快转变农业生产方式、加速适度规模经营的进程，还要进一步融合一二三产业、充分激发农业发展的内生动力，真正实现产业兴旺，为农业强、农村美、农民富提供持续有力的保障。

第二，资源禀赋是内源性乡村振兴的基础。乡村振兴"潍坊模式"的一个突出特点是内源性发展。以昌邑市为例，内源性的乡村振兴不仅需要土地、水源、矿产等，还要以乡村文化为轴，不断提高乡村社会文明程度。在乡村文化的"软支撑"下，不仅形成文化事业满足人民群众的文化需求，还有助于形成文化产业，提高当地居民收入，进而为乡村振兴事业注入新的活力。

第三，公有制经济是乡村振兴的经济保障。公有制经济是社会主义制度的基本特征，是社会主义社会的经济基础，只有依靠作为主体的公有制经济，社会主义国家才能充分利用经济手段引导个体经济、私营经济和外资经济沿着有利于社会主义的方向发展。同样，公有制经济也成为乡村振兴的经济保障。一方面，国有企业在基础设施建设、保障就业方面成为乡村振兴战略规划实施的重要抓手；另一方面，农村集体经济以集体利益为导向，进行财产联合或者劳动联合，实行共同经营、民主管理、利益共享，不仅缓解了小农户对接大市场的难题，还为农民收入的增加提供了经济保障。

第四，公共服务均等化是乡村振兴的社会制度保障。生活富裕是乡村振兴战略的根本出发点和落脚点，也是实现全体人民共同富裕的必然要求。提供均等化的公共服务既是生活富裕的内容，也是生活富裕的路径。意识到公共服务均等化的必要性，昌邑市政府在城乡教育均等化、城乡医疗均等化、城乡养老均等化和城乡环卫一体化四个方面重点发力，为乡村振兴提供了社会制度保障，进而为广大人民群众提供了优质的生活环境，体现了以人民为中心的发展。

第五，以县为单位的全面振兴是趋势。五大振兴是一个整体，涉及乡村振兴的方方面面，需要统筹兼顾，因此，全面振兴的单位需要明确。从昌邑市全面振兴的经验中可看到：首先，县是具有完整行政功能的最基层行政单元，在一县之内，有城市有乡村，城乡联系密切；其次，县有完整的三大产业，易于实现一二三产业融合发展；最后，县有完整的政治、社会、文化、生态系统，形成了完整的县域治理体系。实现县域经济的整体发展，是推动实现农业农村现代化和实现城乡融合发展的必由之路，县也就成为推动全面振兴的基本单位。

《中共中央国务院关于实施乡村振兴战略的意见》指出："我们有党的领导的政治优势和社会主义的制度优势，有亿万农民的创造精神，有强大的经济实力支撑，有历史悠久的农耕文明，有旺盛的市场需求"。这"五个有"全面总结了中国特色乡村振兴道路的体制优势和有利条件，昌邑市乡村振兴的经验也为这"五个有"提供了有力证据。"五个有"必将推动农业全面升级、农村全面进步、农民全面发展，谱写新时代乡村全面振兴新篇章！

附录：昌邑简介

结合上述研究，这部分对昌邑市社会经济发展状况、自然地理、区位交通、行政区划及城市荣誉方面展开介绍，以期对昌邑市的概况有整体把握。

一、昌邑市社会经济发展状况

一段时期以来，昌邑市在经济发展、产业升级、民生福利和政府自身建设方面均有突出表现。

（一）紧紧围绕"一个定位"，加速提升实力，奋力进位争先，综合实力持续增强

2018 年，地区生产总值达到 470.4 亿元，增长 6.3%。实现财政总收入 69.4 亿元、一般公共预算收入 31.7 亿元，分别增长 37.4% 和 3%。固定资产投资增长 8.5%。规模以上工业主营业务收入、利税、利润分别增长 6.3%、74.2% 和 9.9%。实现社会消费品零售总额 202.1 亿元，增长 9.1%。完成进出口总额 67.6 亿元，其中出口 52.8 亿元，增长 13.8%。城镇、农村居民人均可支配收入均增长 7.2%。在潍坊市乡村振兴、新旧动能转换和"四个城市"建设重点项目观摩点评中，取得了近些年来的最好成绩，比上年又上升一个位次。在第六届全国文明城市首年测评中位列提名城市全省第三名、潍坊市第一名。

（二）聚焦聚力"三大突破"，加快动能转换，强化统筹协调，发展质效显著提升

产业转型升级实现新突破。石油化工新材料产业园纳入山东省高端化工产业发展规划，山东化工原料基地 100 万吨乙烯项目加快推进；雅拉生态食品产业园，已具备连续化、规模化生产和高端牛肉供给能力；智能装备

制造产业园，浩信昌盛智能制造入选省级重点项目和全省新旧动能转换重大项目库，浩信共享工厂列为山东省铸造行业共享工厂体系建设试点，浩信机械成为全国百佳优秀汽车零部件供应商，国家智能铸造产业创新（潍坊）中心加快推进；满国康洁环卫产业园，智能创新中心入选首批省级服务业创新中心，获批筹建全国首家省级城乡环境清洁服务标准化技术委员会。全市储备新旧动能转换项目库项目 135 个、总投资 1692 亿元，康迈信机械轮端产品等 17 个过亿元项目建成投产。4 家企业分别入选山东省隐形冠军企业和"瞪羚企业"，3 家企业列为山东省"两化"融合管理体系贯标试点，省级"专精特新"中小企业发展到 12 家。规模以上工业主营业务收入过 10 亿元的企业达到 5 家，过亿元 69 家。纳税过亿元企业达到 5 家，过千万元 41 家。文山潍水文化旅游系列活动和绿博会、山阳梨花节、龙乡文化节等节会影响力不断增强。全市实现电商交易额 228 亿元，增长 26%。

区域统筹发展实现新突破。滨海开发稳步推进。下营化工产业园、龙池化工产业园成功获批山东省化工园区。滨海国家湿地公园通过国家验收。城市品质持续提升。全国文明城市等"九城同创"扎实开展，国家园林城市通过省考评审核。4 个千亩级片区顺利推进，1858 套棚户区改造全部开工，投资 1360 万元完成 6 处老旧小区改造，投资 2.6 亿元完成 73 项市政基础设施工程，第二代市民卡、智慧应急、公共信用信息系统等项目投入使用，城市智慧化、精细化管理水平进一步提升。乡村振兴全面起势。潍水田园综合体形成基本框架，石湾文旅小镇、"丝路原点·锦绣龙河"等项目快速推进，优质大姜、高端苗木等 10 个万亩级产业进一步壮大，200 平方公里潍河绿色发展长廊初具规模。发展高效节水灌溉农田 6.5 万亩，粮食高产创建面积达到 11 万亩。新增潍坊市级以上农业龙头企业 21 家、农民专业合作社 15 家，培育农业产业化联合体 8 家。"昌邑大姜"获评中国驰名商标，新认证"三品一标"农产品 92 个，成功创建省级农产品质量安全县。完成小城镇建设投资 32 亿元，卜庄镇获评山东省美丽宜居小镇，梨花水镇列入潍坊市十佳特色小镇。全面完成农村社区服务中心建设三年行动。深入开展农村人居环境整治，美丽乡村建设 B 级以上标准村庄达到 70%。潍河东西堤顶路全线贯通，潍莱高铁工程完成过半，完成济青高铁、胶济客专沿线综合整治和青银高速绿化美化，开通潍坊至昌邑城际公交，市镇村建成一流配电网，城乡基础设施支撑保障能力不断增强。

民生事业改善实现新突破。全年完成民生支出 37 亿元，占一般公共预算支出的 82.7%。完成教育投入 12.5 亿元，新改扩建中小学校、幼儿园 14 处，在潍坊市首批启动全国义务教育优质均衡发展县创建；高考创历史最好成绩，首夺全国职业院校技能大赛金牌。市人民医院与镇街区卫生院组建医联体，药占比下降到 34%，营业收入增长 15.3%，临床护理质量管理合格率 100%。成功举办首届黄元御中医药文化节。市镇村三级医疗机构服务功能和运行管理达标率 100%。城镇新增就业 6050 人，城镇失业人员再就业 2187 人。发放各项社会保险待遇 21.1 亿元。农村低保标准提高到每人每年 5000 元，比上年提高 900 元；城市低保标准提高到每人每年 6960 元，比上年提高 840 元。农村幸福院覆盖率达到 90% 以上。贫困户全部实现兜底脱贫，投资 100 多万元为 3166 户贫困户免费安装有线电视，投资 110 万元为 440 多户贫困户修缮房屋、改善居住环境。在潍坊市率先启动市级新时代文明实践中心建设。市图书馆成为国家一级馆。成功举办首届国际半程马拉松赛，潍水风情自行车健身步道获评全省最美健身游路线。退役士兵安置、权益保障政策和双拥优抚政策全面落实，被评为山东省关心国防建设十佳单位。全面启动村村编修村志工作，昌邑年鉴获得全国地方志优秀成果奖。外事侨务、民族宗教、妇女儿童、慈善、老龄、残疾人、人防、地震、气象、档案等事业全面进步。

（三）始终扭住"三大动力"，强化创新驱动，深化改革开放，发展活力全面迸发

突出企业导向和市场导向，深化产学研合作，强化人才支撑，创新驱动力不断增强。新增国家高新技术企业 7 家，15 家企业列入全国科技型中小企业信息库，7 个项目分别入选山东省重大科技创新工程、重点研发计划和军民融合重大专项，国家级水产遗传育种中心开工建设。新增院士工作站 2 处、省级科技企业孵化器 2 处，中国棉纺城众创空间实现昌邑市省级众创空间"零"的突破。引进"两院"院士等国家级领军人才 12 人，培育泰山产业领军人才、鸢都产业领军人才 6 人，新设驻外人才工作站 3 处。开放

力度不断加大，完成招商引资 152 亿元，德明乌干达海外仓被评为山东省外贸新业态主体，38 家企业实现出口业绩"零"的突破。持续深化"三去一降一补"等重点领域改革，争取省级以上改革试点、示范项目 14 个。处置"僵尸企业"20 家，盘活土地 2541 亩。降低各类企业成本 17.5 亿元。"多证合一"扩大到"45 证合一"，新增市场主体数量首次过万，达到 11204户。启动潍坊市首批农村集体资产交易试点。建成和储备 PPP 项目 11 个，撬动社会资本 28.2 亿元。政府机构改革有序推进。制定落实工业经济、招商引资、招才引智、科技创新四个"黄金十条"，大力推行"磁铁式"服务，营商环境持续优化。

（四）着眼守牢"四条底线"，化解风险隐患，推动健康发展，整体环境不断优化

严守防范化解债务与金融风险底线。与潍坊银行、建设银行潍坊分行、潍坊农信联社达成 220 亿元合作协议，金控集团担保委托贷款 14.2 亿元。严控担保圈、担保链等领域金融风险，金融生态环境持续改善。严守安全生产底线。279 家企业建立双重预防体系，聘请高水平专家进行安全评估，试点建设智安化工园区，安全生产事故起数和死亡人数实现"双下降"。严守生态环境治理底线。从严从实抓好中央、山东省环保督察及"回头看"反馈问题整改，深入开展成品油市场集中排查整治，分类整治"散乱污"企业 500 多家。全面推行河（湖）长制，启动莱州湾湾长制，完成蒲河生态修复、胶莱河入海口西岸综合整治和山东省地下水超采区综合治理重点县项目，市控以上重点河流和饮用水水源地水质达标率 100%。水源地调整顺利通过省级评审验收。完成主要污染物总量减排目标任务。全力应对"温比亚"台风影响，利用潍河"一闸四坝"和灌溉系统、湾塘拦蓄水 1.2亿立方米，涵养地下水 9300 多万立方米。总投资 1.8 亿元的 35 项水利设施灾后重建及河道治理工程顺利推进。新增成片造林 2.5 万亩，提升改造标准化苗木基地 1.5 万亩。严守社会稳定底线。市公共服务法律中心获评省级示范中心，事前听证法被评为山东省乡村治理论坛十佳案例，在潍坊市率先启动情指战一体化勤务模式，成功承办全省法学会服务基层法治建设现场会。深入开展扫黑除恶专项斗争和信访积案集中化解攻坚行动，实现全年

非访"零"登记，被山东省委、省政府评为全国两会安保维稳先进市。

（五）突出加强政府自身建设，坚持从严治政，转变思想作风，政府效能稳步提升

深化"思想作风建设年"和"大学习、大调研、大改进"活动，全力补短板、转作风、提效能。扎实推进"一次办好"改革，深入开展企业开办、不动产登记等"十大行动"，开通政务服务直通车，创新推行投资项目"一窗受理、压茬推进、一次办好"，服务效能提速60%以上。民生热线一次办结率达到97%。严格落实重大行政决策程序。认真执行市人大及其常委会决议决定，自觉把民主政治协商纳入决策程序。完成改革开放以来政府文件清理，持续深化政务公开，加强政务诚信建设，进一步提高政府公信力。政府系统党风廉政建设和反腐败工作扎实推进。

二、昌邑市自然地理

昌邑资源物产丰富。南部铁矿石、重晶石、石英石、膨润土等蕴藏丰富；中部土地肥沃，盛产粮、油、桑和蔬菜、水果等；北部石油、天然气、地下卤水等储量较大。现已探明原油储量1340万吨，天然气6.8亿立方米，卤水35亿立方米。

昌邑交通便捷顺畅。胶济铁路、大莱龙铁路、青银高速、荣潍高速、荣乌高速以及206国道、309国道等交通干线横贯东西，省道下小路纵穿南北。距离青岛机场70公里、潍坊机场30公里、济南机场200公里。拥有千吨级下营海港，与天津、大连、烟台等20多个港口通航，形成了四通八达的现代化交通网络。

昌邑产业优势突出。已形成了以新产品、新技术、新项目为支撑的石油化工、盐及盐化工、机械制造、纺纱织造、食品加工、水产养殖、绿化苗木等优势产业。石油化工业，年综合加工能力达到1000万吨，销售收入137亿元，成为国内重要的炼油及深加工基地。盐及盐化工业，原盐年生产能力达到400万吨，占全国海盐产量的1/6；重要化工原料溴素年生产能力4万吨，占全国溴素产量的1/4，被认定为中国溴·盐之乡。机械制造业，

产品包括纺织机械、塑料机械、数控拉床、汽车配件等 10 大类 200 多个品种，是国内最大的汽车轮毂、制动鼓、刹车盘生产基地。纺纱织造业，现有纺织企业 2500 多家，年纺纱能力 180 万锭，织造能力 35 亿米，染色、印花能力 21 亿米，成为中国纺织产业集群品牌 50 强。食品加工业，现有加工企业 160 多家，产品销往 30 多个国家和地区。水产养殖业，现有工厂化养殖面积 23 万平方米，水产品总量 14 万吨，产值 8.2 亿元。苗木业，苗木面积已达到 10 万亩，苗木存量 2 亿株，年交易额 5 亿元，被评定为"国家级苗木交易市场""全国林木种苗先进单位""全国绿化先进集体"，已连续成功举办了 9 届中国（昌邑）北方绿化苗木博览会和 6 届中国园林花木信息交流会。

滨海发展潜力巨大。昌邑市海岸线长 53 千米，浅海面积 430 万亩，滩涂 30 万亩。昌邑市抢抓黄蓝"两区"建设上升为国家战略的重要机遇，举全市之力加快滨海开发。一是实施科学规划。立足区位、资源优势，确立了打造"一城、一区、一港、四基地"的发展目标。"一城"，即建设经济发达、配套完善、生态良好、宜居宜业的现代化滨海城市。"一区"，即利用 3 年时间把滨海（下营）经济开发区建设成为在全省乃至全国有较大影响力的现代化滨海经济开发区。"一港"，即加快建设潍坊港东港区（下营港）。"四基地"，即打造 1000 亿元规模的新兴产业基地、2000 亿元规模的高端化工产业基地、2000 万吨规模的临港物流基地和 20 亿千瓦时的绿色能源基地。二是完善设施配套。滨海（下营）经济开发区已完成基础设施投入 100 多亿元，配套面积超过 90 平方公里，构建起了 616 平方千米的滨海发展框架，初步形成了产业聚集、特色鲜明的北部沿海生态产业隆起带。三是加快港口建设。充分利用下营良好的建港自然条件，加快潍坊港东港区（下营港）建设，打造拉动滨海经济发展的重要引擎。一期工程投资 100 亿元，建设万吨级泊位 12 个，年吞吐量 2000 万吨以上。四是推动产业聚集。突出盐化工产业链招商和战略性新兴产业引进，积极发展新能源产业和先进制造业。

昌邑市落户项目 109 个，总投资 330 多亿元。海天生物化工、家园化工新型染料等 47 个项目相继建成投产，金典化工、康地恩制药等 48 个项目正在加快建设。五是完善服务机制。制定了《昌邑滨海经济开发区招商引资优惠政策规定》，在规费收取和手续办理等方面给予最大限度的优惠。推动行政服务重心下移，安监、工商、环保、税务、金融等部门在滨海（下营）经济开发区设立了分支机构，配齐配强工作人员，为项目建设和企业发展提供"零距离"服务。

"零距离"的实现也依靠昌邑市优越的区位交通优势。昌邑市处于黄河三角洲高效生态经济区、山东半岛蓝色经济区两大国家战略叠加区域，属环渤海经济圈、潍坊半小时经济圈和青岛1小时经济圈，具有得天独厚的区位优势、空间优势。胶济铁路、大莱龙铁路和规划建设中的济青高铁、潍莱高铁、潍烟高铁，以及青银高速、荣潍高速、荣乌高速、309国道、省道新海路等交通干线横贯东西，省道下小路纵穿南北，潍莱高铁昌邑南站正在规划建设；距离潍坊机场30千米、青岛流亭国际机场70千米、济南遥墙国际机场200千米，北部下营港与天津、大连等20多个港口通航，构建起"南有高铁、北有港口，路网纵横贯通"的大交通体系。

三、昌邑市行政区划

昌邑市辖3个街道、6个镇、1个经济发展区：奎聚街道、都昌街道、围子街道、柳疃镇、龙池镇、卜庄镇、饮马镇、北孟镇、下营镇、石埠经济发展区。

奎聚街道总面积67.8平方千米，辖59个行政村（居委会），人口8.5万，邮政编码：261300

都昌街道总面积191平方千米，辖82个行政村，人口8.8万，邮政编码：261300

围子街道总面积161.88平方千米，辖127个行政村，人口10万，邮政编码：261307

柳疃镇总面积210平方千米，辖72个行政村，人口4.8万，邮政编码：261302

龙池镇总面积158.4平方千米，辖27个行政村，人口2.4万，邮政编

码：261304

卜庄镇位总面积 114.8 平方千米，辖 95 个行政村，人口 5.2 万，邮政编码：261313

饮马镇总面积 71 平方千米，辖 34 个行政村，人口 3.5 万，邮政编码：261317

北孟镇面积 175 平方千米，辖 92 个行政村，人口 7.2 万，邮政编码：261318

下营镇总面积 220 平方千米，辖 35 个行政村，人口 2.13 万，邮政编码：261312

石埠经济发展区总面积 100.5 平方千米，辖 67 个村，人口 5 万人，邮政编码：261315

四、昌邑市城市荣誉

昌邑位于山东半岛西北部，渤海莱州湾南岸，属环渤海经济圈，市域总面积 1627.5 平方千米，辖 6 个镇、3 处街道，691 个行政村（社区），总人口 58 万，是"中国丝绸之乡""华侨之乡""中国溴盐之乡"，连续 6 年被评为"中国中小城市综合实力百强县市""中国最具投资潜力中小城市百强县市"，且位次逐年提升。入选"中国中小城市创新创业百强县市"，荣获"中国全面小康成长型百佳县市""中国北方绿化苗木基地""全国县级文明城市提名城市""全国科技进步先进市""全国义务教育发展基本均衡县""首批国家智慧城市试点市""全国生态文明先进市""中国美丽乡村建设典范市""和谐矿区建设示范点"（全国唯一一家县级示范点）"全国粮食生产先进单位""全国林业信息化示范市""纺织业集群创新发展示范地区""省级文明市""山东省投资环境最佳县市""首批山东省信息消费试点市""首批山东省生态文化示范市""山东省社会文化先进市""全省生态文明乡村建设工作先进市""全省农业物联网技术应用示范市""山东省农业机械化先进市"等荣誉称号。

后　记

　　近年来，如何推进乡村振兴是各界关注的重大问题。带着这一问题，2018 年初开始，胡怀国研究员负责的"现代化进程中的城乡关系研究"课题组在昌邑展开了多次调研，通过总结昌邑乡村振兴的诸多经验，力求对"潍坊模式"的诠释提供一些现实思考，并对乡村振兴战略的实施提供一定的启示。

　　基于基础理论、调研事实、研究目的，课题组决定撰写一本专著来系统阐述乡村振兴"潍坊模式"的昌邑经验。本书循由习近平总书记提出的"诸城模式""潍坊模式""寿光模式"三大模式，通过分析潍坊市昌邑市乡村振兴的历史过程和实践经验，以案例的方式展示了乡村振兴"潍坊模式"的内涵和路径，力求对内源性乡村振兴的特征有所概括、提炼。

　　在研究过程中，我们需要对昌邑市的政治、经济、文化、社会、生态等各个方面均有细致的了解，在此基础上，须从大量资料中总结出昌邑市乡村振兴的经验，并给予理论阐释，最终形成可推广的实践路径。这时，一手的文献资料成为重中之重，这些资料将为我们提炼经验和对照理论提供大量的信息和证据。在确定文献资料、调研计划以及书籍大纲的过程中，王立胜研究员给予了诸多指导意见，在此表示衷心感谢！众所周知，一手调研资料的收集和整理是一项庞大且繁杂的工作，十分感谢昌邑市委市政府对课题组的大力支持，使得课题组大大提高了执行调研计划、与相关部门座谈以及收集相关资料的速度和效率！

　　在成书过程中，课题组得到了许多专家学者的帮助，在此一并表示衷心感谢！感谢中国社会科学院经济研究所政治经济学研究室张旭教授、中国社会科学院经济研究所中国现代经济史研究室姜长青研究员、山东省委党校文史教研部刘岳教授、政治经济学研究室张弛助理研究员、中国社会科学院大学研究生李兴宇，他们对调研计划的推进、资料的收集、部分章节的撰写提供了支持和帮助！

　　当然，书中仍然存在诸多不足之处，我们殷切盼望各位同好批评、斧正！

作者

2021 年秋于月坛北小街